启动孩子的
优势潜能教养法

潘美初　蔡翠华◎著

中国友谊出版公司

图书在版编目（CIP）数据

启动孩子的优势潜能教养法 / 潘美礽，蔡翠华著
. —— 北京：中国友谊出版公司，2023.5
ISBN 978-7-5057-5611-3

Ⅰ.①启… Ⅱ.①潘… ②蔡… Ⅲ.①潜能－儿童教育－家庭教育 Ⅳ.① G78

中国国家版本馆 CIP 数据核字 (2023) 第 032386 号

著作权合同登记号　图字：01-2022-2742

书名	**启动孩子的优势潜能教养法**
作者	潘美礽　蔡翠华
出版	中国友谊出版公司
发行	中国友谊出版公司
经销	新华书店
印刷	天津中印联印务有限公司
规格	880×1230 毫米　32 开
	7 印张　137 千字
版次	2023 年 5 月第 1 版
印次	2023 年 5 月第 1 次印刷
书号	ISBN 978-7-5057-5611-3
定价	42.00 元
地址	北京市朝阳区西坝河南里 17 号楼
邮编	100028
电话	(010) 64678009

我，你，我们

◎林福来　台湾师范大学名誉教授、远哲科学教育基金会董事长

互相关怀是人本的善念！关怀，如何能深入内心？

了解我，

了解你，

"我们"之间的关怀，就能深入内心。

了解你、我的性格，是我们顺畅沟通、深度互动的基础。

人的性格有天生的，也有成长过程中养成的。性格主要表现在互动、认知、判断与行动这 4 个层面。将每个层面的性格倾向简单二分后，就形成 $2×2×2×2=16$ 种性格特征。

- 与人互动——注意力的聚焦方向：有内向型与外向型。
- 认知——如何认识新事物：有实感型与直觉型。
- 判断——做决定的依据：有思考型与情感型。
- 行动——喜欢的生活风格：有果断型与随性型。

本书作者，累积了多年的学校辅导经验，从众多的个案中，选择合适的案例，诠释各个层面中两种性格倾向的差异，并且将

16 种性格命名定型。像拼命三郎型、开心果型、好奇分析型，等等。每一种性格都冠上建设性的正面性格倾向含义，非常适合师生、亲子、朋友间共读。

要想了解个体的性格倾向、了解性格类型对教养的影响，就要从研究教养的基本理念入手。教养，不外乎"挑战"与"支撑"的交互作用。

以数学学习为例，数学是发展逻辑思维，培养解决问题能力的学科。个体的思考习惯，有图像思考倾向的，也有语文符号思考倾向的。除了极端倾向之外，更多的孩子是两者兼具但不走极端的调和式思考倾向，可能调和偏图像，也可能调和偏语文符号。

相关研究证实，极端图像思考型的学生，在不同年级，如果先是碰到同是图像思考型的数学老师，其数学成绩会表现卓越，但后来换了语文符号思考型的老师，成绩表现就可能一塌糊涂。当师生思考倾向一致时，学生的学习受惠良多。但是学校分班，不容易以思考倾向为根据来进行。因此，在学校教学中，数学课堂的教学模式与方法就需要多元化，以此来服务不同思考倾向的学生。

本书提供我们一把打开关怀孩子、有效教养的钥匙。

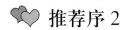

通过性格类型指标（MBTI®）了解孩子

◎谢明真　新北市私立哈佛园幼儿园园长
　　　　　新北市生命小斗士爱心协会理事长

◎李锦云　中州科技大学幼儿保育与家庭服务系兼任讲师
　　　　　中华青山春社会福利协进会创会理事长
　　　　　新北市生命小斗士爱心协会理事长
　　　　　新北市三重区幼儿教保协会第 7 届理事长

在孩子成长阶段，父母若能了解自己与孩子的性格倾向，就能因材施教，因势利导；假如父母不了解孩子，只是一味地要求孩子依循自己的性格优势或是社会的主流价值观，可能在不知不觉中压抑了孩子的创造力。

当然，除了引导孩子发展他的优势性格之外，同时也要教导孩子如何欣赏或使用另一个不熟悉的"盲点（潜能）"，让孩子在日常学习与人际关系中都能游刃有余，成为受欢迎的学生。比如你的孩子是乐于分享型（外向型）还是喜欢独处型（内向型）？针对内向型与外向型，各有不同的教养方法，以达到教养得宜的目的。

在本书中也谈到，父母如何跟孩子建立亲密关系：倾听亲子的声音。

内向型（I）和外向型（E）——北极与南极

实感型（S）或直觉型（N）——地球人与外星人

思考型（T）及情感型（F）——理性与感性的光谱

果断型（J）及随性型（P）——刀与水的竞逐

通过 MBTI® 理论来了解孩子，最重要的目的，是提醒身为父母的我们，每个孩子都有与生俱来的差异，如能通过适宜的方式多加引导，孩子就能在成长的路上发光发热。反过来说，如果硬是要求孩子改成另外一种性格，不但亲子关系容易出现裂痕，还有可能给孩子造成心理伤害。

孩子的性格是与生俱来的，不是被教导出来的，也不容易改变，所以父母要思考如何找出孩子的性格优势，进而帮助孩子带着这些天赋宝藏顺利发展。

有效教养的钥匙其实掌握在父母手中，借助 MBTI® 理论了解自己的孩子，用孩子能接受、能听懂、愿意配合的方式来和孩子互动，才能创造双赢的亲子关系。这是一本深入浅出，具有专业度，值得细读的一本好书。

 **自序 1**

借助性格类型指标（MBTI®）开启亲子交流之门

◎潘美礽

> 我有一个梦，希望所有的老师和家长在教养孩子时不再
> 茫然失措，希望所有的孩子都能够享受到父母的爱与尊重。

在书店里常会看到一排又一排谈论教养的书籍，可见家庭教育是现代父母最重视的课题。许多家长可能会发现，孩子越大越不知道怎么跟他们说话，越来越不知道他们到底在想什么，也越来越不了解他们为什么这样做。父母想对他们好，为什么搞到最后彼此都不好受？到底应该怎么做，才能不破坏亲子关系，达到双赢的目的？

这也是我一直在思索的问题。身为老师，我有幸比一般家长看到孩子更多不同的面貌：有的孩子在课堂上安静无声，不发一语，但作文或周记却写得洋洋洒洒，惊艳四座；有的孩子在讨论时滔滔不绝，但内容常是天马行空，没有重点；有些孩子喜欢命令别人；有些孩子则专注在自己的事情上；有些孩子一定要遵照老师的话做，有些孩子则希望根据自己的意愿做事；有些孩子会

将周遭打理得井井有条，有些孩子则丢三落四、课桌弄得乱七八糟……这是因为不同的孩子具有不同的性格。

我常在想，为什么孩子跟我想象的差那么多？我到底应该怎么做才能与各式各样的孩子沟通，进而启发他们的不同优势，并使他们自觉地学习呢？这是我担任数学老师和从事特殊教育工作以后经常会思考的问题。而促使我积极投入亲子沟通研究的动机是我最好的朋友所分享的家庭故事。她的大女儿聪明伶俐，目标明确，但言辞犀利，得理不饶人，总感觉她对人冷冰冰的，没什么同理心，和家人关系也不亲近；小儿子则刚好相反，敏感体贴，善解人意，但生活散漫，好像没什么目标。姐弟俩因为个性差异太大，常常为了生活小事争吵。家人让姐姐迁就，她总有很多意见，而如果让弟弟退让，他又觉得十分委屈。那些时不时就发生的冲突，最后引发家庭矛盾，姐姐故意考取了离家很远的学校，4 年住宿，不与弟弟说话。这件事真的让我的朋友很伤心，但又不知所措。

我听了之后十分惊讶，难道亲密的家人间真的会因为性格的不同而导致无法沟通吗？抱持着帮助好友提升家庭生活质量的决心，我开始寻找各种有效的家庭教育方法，并加入许多不同的工作坊。直到 2007 年之后，我参与了性格类型指标（MBTI®）的专业训练，终于真正了解了孩子的性格差异，并找到了有效沟通的方法。

MBTI® 是一套简易、科学的理论，引导我们分析复杂的人类行为，从了解一个人与外在世界互动的习惯（内向—外向）、观察事情与收集资料的方法（实感—直觉）、如何感受并做出决定

（思考—情感）以及对时间的掌控与生活风格（果断—随性）这4个方面总结出教养不同性格孩子的方法。在对此有一定了解后，任何人都能拥有一把人际沟通的钥匙，开启适性交流之门。

2010年，我在社区大学开设系列课程，参与的学员普遍给出了积极的反馈。他们欣喜地发现，学会了观察性格类型之后，不但化解了过去多年的伤痛、误解，而且在夫妻相处、亲子关系甚至婆媳互动上，都拥有比过去更好的体验。

这本书是我实现梦想的第一步，其中记录了我个人以及学员的生活故事，这些经历让我更清楚而且有把握地知道，MBTI® 是一套非常有效的工具，可以帮助人们顺畅地表达、提问或提出请求。因此，为使更多人获益，我将过去的研究心得及教学经验整理成书，将它更有系统地呈现在读者面前。大家一定能借助本书找到自己与孩子的性格特点与思维模式，进而创造良好的亲子关系。

我要特别感谢我的老师朱德成（Lawson Chu）及林启鹏，不但在MBTI® 的学习领域里带领我们不断成长，也对本书的整体架构提出非常精辟且实用的建议，使本书得以建立起完整的体系。最后，要谢谢过去与我一同研读、练习过MBTI® 理论的学生、家长以及所有个案案主，没有你们的参与、分享，就不会有这么多精彩的范例，我也无法总结出这些教养方法。当然，我的先生以及两个孩子在我写作过程中，提出了很多宝贵意见，他们的支持与鼓励，使我在写作时没有后顾之忧，借此机会也要向我最亲爱的家人说声感谢。

 自序 2

借助性格类型指标（MBTI®）重新认识自己

◎蔡翠华

性格类型指标是一个探索"人"的理论与工具。

我与潘美礽老师结识于 20 年前，当时我们一起任职于高职特殊教育班，共同致力于身心障碍者的教育与就业指导。我初出茅庐，雄心万丈，一口气帮学生规划了一二十个实习项目，并邀请老师们巡回各处，进行辅导。

潘老师温和坚定、务实细心，不但没有嘲笑我脱离现实、异想天开，反而无条件地支持我、鼓励我，并且努力地促成这个艰难的使命。一年之后，我们创造了毕业生 100% 就业的奇迹，潘老师也荣获了"特教优良教师"的荣誉。现在回想起来，如果没有潘老师的奉献，依我的个性，再远大的理想，最后一定是不了了之。

2007 年，潘老师学习了关于性格类型的课程，我也恰好转任辅导老师，我邀请潘老师举办讲座，指导其他老师学习性格类型的分析。我初学乍练，现学现卖，偶尔用在师生沟通上，似乎颇具成效。印象最深刻的一次是，有个学生因为人际困扰而有自伤倾向，但由于他在中学阶段有一段很糟的心理咨询经验，所以发誓决不再走进心理咨询室。学生不愿接受心理辅导，那究竟要怎么帮助他呢？我左思右想，最后决定去请教潘老师。她为我提供了针对该学生性格特点的策略。我拿到实战技巧之后，先在学校后花园中和那位学生交谈，我使用讲求事实、条理分明的说话方式，获得了这位同学的信任，后来这位学生不但愿意走进心理咨询室，还每天中午到我的座位旁来吃午餐。这真是太神奇了！

有了这次成功的经验，我开始认真学习性格类型相关理论，并广泛地运用在个案身上。这么做能快速掌握常见的学生心理问题，大大提升了辅导的成效。性格类型理论是一个探索"人"的理论与工具，通过学习与实践，我重新认识了自己，也了解了自己在性格上的优势与盲点，家庭生活日益和谐，在专业发展方面也更有自信。

此后，我又与潘老师开办读书会，为社区民众及高中生做团体辅导，帮助社区民众将这个理论技巧运用在学校、家庭以及生活的各个层面上。在这一过程中，我看到潘老师精益求精的精神，她不断地努力进修，修正操作上的问题，让理论更加贴近实际，运用起来更加顺畅。

许多过去上过我的课的学员觉得这些方法实用有效，希望能在平时就有一册在手，随时翻查。而潘老师也认为时机成熟，可以撰写一本这样的书，她希望我与她合作。基于过去的情谊与合作经验，我当然义不容辞。在写作的过程中，我们反复讨论、字斟句酌，希望能提供给老师与家长更多有价值的参考。书中所有的案例，都是潘老师及我的家人、学生的真实经历，正是他们的热心分享，使我们得以从中受益，在此一并感谢。

目　录
CONTENTS

Part 1
关于性格类型指标（MBTI®）

Part 2
找出孩子的优势性格

I

Part 3

寻找孩子的性格密码

Part 4

父母如何跟孩子建立亲密关系

Part 1

关于性格类型指标（MBTI®）

MBTI® 理论是基于人类如何与外在世界互动、如何接收外界信息、如何整理信息并作出分析、如何作出反应并付出行动这 4 个维度建立起来的，每个维度又可细分为 2 种不同的倾向，由此可将人的性格分成 4 对特征（共 8 个倾向），并发展成一套简易而细致的评估工具，称为性格类型指标（简称 MBTI®）。

性格类型指标（MBTI®）的发展

很多家长都会发现不同的孩子有不同的个性，老大是这样，老二是那样，好像没办法用同样的方式来管教。事实上，心理学家很早就发现这个现象了，卡尔·荣格曾出版过《心理类型》一书，把人的行为风格和学习模式分成几个不同的方面来观察，即内向（Introversion）／外向（Extroversion）、实感（Sensing）／直觉（Intuition）、思考（Thinking）／情感（Feeling），他认为虽然每个人的性格类型不同，但还是可以看到某些共通的地方。

之后，心理学家伊莎贝拉·布里格斯·迈尔斯（Isabel Briggs Myers）在第二次世界大战之后，希望全民都能适才适用，为国家贡献心力，因此就和她的团队深入研究荣格的《心理类型》理论，将荣格划分的维度重新分析，并加入一个新的维度：果断（Judging）／随性（Perceiving），通过这 4 个维度发展成一套简易而细致的评估工具，用来选拔不同领域的人才。这套评估工具就称为性格类型指标（迈尔斯－布里格斯类型指标，简称 MBTI®）。

从下图中可以看到，当人参与外界活动时，很自然地就会以他与生俱来的习惯来行事，由此可以观察到，他究竟比较关注自己的内在世界，还是比较注意外在世界的人与事，前者是内向型

（I），后者是外向型（E）。其次，在生活中，大脑会接收到许多复杂的信息，有的人更关注各种实际的感官体验，有的人则是运用第六感来洞察、想象，前者是实感型（S），后者则是直觉型（N）。获得了信息之后，就要将这些信息在大脑中进行整理，并做出回应，有的人会理性地分析、权衡，冷静地做出决定，有的人则会仰赖个人的价值观、体察他人的感受，然后才做决定。前者是思考型（T），后者是情感型（F）。而果断型（J）和随性型（P）主要是针对生活习惯及处事风格而言的。在日常生活中，有的人总是有规划、有目标，快速且果断地行动；有的人偏好随遇而安，按照自己的步调，悠闲自在地做他想做的事。前者是果断型（J），后者是随性型（P）。

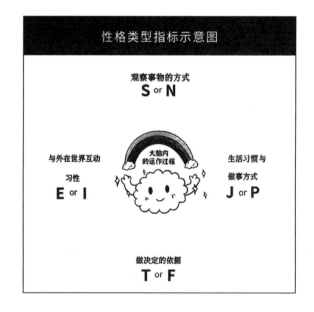

Part 1-2

顺应孩子的性格类型来激发孩子的潜能

从事家庭教养指导工作的过程中，常会碰到家长这样提问：

1.孩子性格内向，遇到亲朋好友都不打招呼，别人问话也不回答，有时会搞得场面很尴尬，不知如何是好。

2.孩子过于活泼好动，特别是在公众场合，像脱缰的野马，该怎么办才好？

3.孩子个性懒散，将来他在社会上没有竞争力该怎么办？

4.孩子太过固执，说什么都不听，该怎么教？

5.隔壁家的小明很有创造力，拿起画笔就能画出内容丰富的图画，而我们家的孩子就只会模仿，描绘一些琐碎的东西……

在回答这些提问之前，我想邀请读者们先放轻松，一起来做个小游戏。

游戏时间

步骤①：请准备一张空白的纸和笔。

步骤②：请您用惯用手在纸上写下您的名字。

步骤③：请再用非惯用手写下您的名字。

请放下您的笔

步骤④：分享您在步骤②写下名字的感觉。

步骤⑤：分享您在步骤③写下名字的感觉。

请再次使用非惯用手

步骤⑥：在纸上再写一次您的名字。

请放下您的笔

步骤⑦：分享您这一次和第一次用这只手写字的感觉有什么不同。

当听到要写字时，相信大家很自然地就会用惯用手拿起笔来，右（左）手是您日常生活中使用最自然、最顺畅、最得心应手的一只手，也就是我们的"优势手"。同样的道理，性格倾向也是如此。

在日常生活中，当您和别人互动时，不经思索自然呈现的性格，就是你的"优势性格"，也就是本书所定义的性格类型。但是，是不是就没有另外一个方面的性格呢？当然不是。

换成非惯用手签名时，也是可以把名字写出来的，只是写得比较慢、比较丑，不太习惯。在步骤⑥中，请您拿出笔，第二次再用非惯用手写下名字时，有没有感觉写得比第一次顺畅，字也比第一次漂亮呢？

从上述游戏中，我们发现一个人的优势性格，本质上就是一种不用经过思考，自然呈现的行为模式。但这并不代表我们没有其他方面的性格特征，只是相对而言，其他的行为模式比较少用，或是不习惯使用而已。

当我们有意识地使用较不熟悉的行为模式时，它就能在生活中越来越熟练，也越能发挥它的作用，帮助我们应付各种不同状况，减轻处理不熟悉的事件时所产生的焦虑及压力。

虽然本书所要介绍的性格类型是以二元对立的方法来分类的，但这并不是要把一个人的性格给框限住，只是希望把我们与外在世界的人、事、物互动时的行为模式，用更加简洁易懂的方式进行分类研究。在各种行为模式当中，用得多的、用得自然与习惯的行为模式，我们称之为"优势性格"；而用得少的、不习惯用的行为模式，我们称之为"性格上的盲点"，又可视其为"潜力性格"。

大多数时候，别人会观察到我们的优势性格，但有时候我们也会呈现出另一个方面的性格。优势性格和潜力性格就像蝴蝶的两翼，必须相辅相成，蝴蝶才能飞得又高又远，面对生活的一切才能游刃有余。

关于性格类型指标（MBTI®）

性格类型指标（MBTI®）可以帮我们找出每个人天生最自然的行为模式，也就是优势性格，非常适合用在亲子、师生、伴侣、职业生涯发展、就业咨询、组织团队等方面，已经有超过 90 年的应用经验，每年有超过 300 万人在使用这套工具。

性格类型分类法（四维度，二分法）

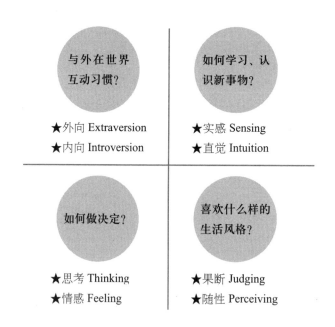

与外在世界互动习惯？
★外向 Extraversion
★内向 Introversion

如何学习、认识新事物？
★实感 Sensing
★直觉 Intuition

如何做决定？
★思考 Thinking
★情感 Feeling

喜欢什么样的生活风格？
★果断 Judging
★随性 Perceiving

第一维度是关于"与外在世界互动的方式"的性格类型倾向（偏好）：假如你习惯于将注意力放在自身以外的环境，从他人身上得到动力，喜欢快步调的生活，那么你大概率是"外向型"（E，Extraversion）；比较关注自己内心世界，喜欢独立完成任务，喜欢一次专注于一件事的人，通常是"内向型"（I，Introversion）。这一点跟社会上一般所谓的内、外向性格有点不同。

第二维度是关于"如何认识新事物"的性格类型倾向（偏好）：有的人倾向"实感"（S，Sensing），比较注意细节，重视当下发生的事件与具体事实；有的人仰赖"直觉"（N，Intuition）[1]，比较重视整体的关联性与事情未来发展的可能性。

第三维度是关于一个人在"做决定时关注的重点"的性格类型倾向（偏好）：有的人倾向于在关键时刻理性"思考"（T，Thinking），但有的人倾向感性的"情感"（F，Feeling）体验，重视内在的感受及对他人的影响。

第四维度是关于"生活、做事风格"的性格类型倾向（偏好）：有的人对生活环境要求一丝不苟，喜欢有条有理，较为"果断"（J，Judging）；有的人则活在当下，做事较有弹性也较为"随性"（P，Perceiving）。

每个人都有不同的性格倾向，因而在为人处事上就会有差异，但就像惯用手的使用一样，没有哪一种性格比较好或比较坏，有

---

1. 应与内向型区分开，直觉型为 N。

些类型的性格被贴上某些标签，是受了社会文化的影响。

性格类型的关键词			
E	**外向** 从他人身上获得动力，能快速回应他人，善于一次做很多事。	S	**实感** 强调事实，注意细节，以过去的经验来解决问题。
I	**内向** 喜欢独自工作，先思考再回应，喜欢一次专注于一件事。	N	**直觉** 喜欢创新，能纵观全局，注意事情的多种可能性与多元性。
T	**思考** 根据客观事实，依赖分析来做决定，注重公平及一致性。	J	**果断** 喜欢有条有理的生活，执行计划时，乐于遵循规范。
F	**情感** 做决定时，从个人观点和价值出发，也会关心他人的感受。	P	**随性** 喜欢自由自在地做事和随性地生活，不介意突发状况。

　　在以上四个维度中，我们将从两个对立倾向中各取一个字母（例如第一维度中，从 I 和 E 中选择一个），然后 4×4 进行配对，可以归纳出 16 种基本的性格类型。4 个不同倾向的组成，可能是 ESTJ 外向实感思考果断型（掌控细节型，参考 Part 3）或 INFP 内向直觉情感随性型（梦想家型，参考 Part 3）……由此勾勒出一个人的整体性格，就可以找出每个人天生最自然的行为模式。

16 种性格类型如下表所示，更多详细的介绍，请参考 Part 3。

16 种性格类型			
拼命三郎型 **ISTJ**	关怀照顾型 **ISFJ**	知心好友型 **INFJ**	智多星型 **INTJ**
生活观察家型 **ISTP**	艺术家型 **ISFP**	梦想家型 **INFP**	好奇分析型 **INTP**
开心果型 **ESTP**	自我表现型 **ESFP**	乐天派型 **ENFP**	创新分析型 **ENTP**
掌控细节型 **ESTJ**	热心奉献型 **ESFJ**	心灵导师型 **ENFJ**	天生领导型 **ENTJ**

或许您会疑惑，人的性格就只能分成这 16 型吗？当然不是，这只是从互动（I 或 E）→认知（S 或 N）→决定（T 或 F）→行动（J 或 P）这一整套的思维运作方式来进行分类的结果。

根据性格类型指标（MBTI®）的研究成果来看，人与人之间的沟通与互动，之所以会产生一些冲突，关键原因是性格不同，所谓"话不投机半句多""道不同不相为谋"，说的正是这个状况。

因此，如果能了解自己的性格类型，知道自己的性格优势是什么，同时也能辨识出别人的性格类型，明确地找到自我调整和成长的方向，就能在职场、家庭、两性等方面，与别人进行有效的沟通，进而增进人际关系。

Part 1-4

....

掌握教养方法，亲子有效沟通

在孩子很小的时候，其实就看得出他们的个性，所以运用性格类型的方法来教养子女，能收到不错的效果。照理来说，孩子的性格类型虽然有差异，但没有好坏之分，就像不论用右手写字或是左手写字，都可以写出好看的字迹。可是文化环境或社会氛围常会催生出一种强而有力的规范，让人觉得怎样的想法才是好的、是对的。例如，中国台湾社会常会认为左手是"歹手"，应该用右手写字、工作，假如孩子是左撇子，父母就千方百计让他改用右手。性格倾向也是如此，许多成功人士会被称赞口才好、人际关系佳、时间管理得当、逻辑思维能力强，这在无形当中贬抑了另一个方面，如内向型、随性型等性格的人所拥有的创意、独特性与深度的思维。

在孩子成长阶段，父母如果能够了解自己与孩子的性格倾向，就能因材施教、因势利导；假如不了解孩子，只一味地要求孩子依循自己的性格优势或是社会的主流价值，可能在不知不觉中阻碍了孩子的正常发展。当然，除了引导孩子发展他的优势性格之外，同时也要教导他如何欣赏并尝试另一个不熟悉的性格模式，即"潜力性格"，让孩子在日常学习与人际交往中都能游刃有余。

本书将循序渐进地介绍不同性格类型的主要特征。在 Part 2 部分，会引导大家探讨孩子的不同性格类型及特征。届时，这些性格特征将用简单易懂的文字呈现，并为家长与老师们讲解具体的教养方法。

进入 Part 3 之后，除了介绍 16 种性格类型之外，还会描述每种类型的孩子们可能会有的行为及学习模式，通过许多真实的案例，生动地展现孩子的各种表现和个人风格，并提出与之对应的亲子互动建议。

Part 4 重点讨论大人与孩子的沟通问题，除了帮助家长与老师辨认自己和孩子的性格类型之外，也将解释每种性格类型会为彼此带来哪些帮助和困扰，以及如何克服性格的负面影响。此外，鉴于亲子关系常会伴随一些隔代教养和世代差异，因此也将简单介绍如何运用性格类型的分析方法，开发孩子的潜力，从而达到促进家庭内部沟通、培养家长和孩子的同理心及促进亲子矛盾化解的目的。

许多老师和家长常会有如下遗憾："在家庭教养指导课堂上明明学得很好，但一回到家就忘了。""这个方法用起来很别扭，到底是我操作得不对，还是心态有问题？要如何修正？"这些问题在亲子教养的过程中是十分寻常的，所谓"魔鬼出在细节里"，有效的方法常需要详尽的理解，并反复练习，最后才能内化到生活中，假如没有按图索骥，自然会有许多不解与困惑。

另外，本书特别重视个人在工作、教学及生活过程中的分享，希望通过实际案例，帮助读者更清晰地辨识自己和孩子的性格类型，并找到亲子问题的关键。更重要的是，通过一步步的操作练习，达到自我察觉、理解别人，并欣赏彼此差异的最终目的。最后，本书最大的特色，就是通过循序渐进地介绍不同性格类型的主要特征，列举每一种性格的类型指标。在通过一系列的练习后，家长及老师们一定能对 MBTI® 理论有较为全面的认识，并通过使用书中所提供的亲子沟通工具，真正做到因材施教。

Part 2

找出孩子的优势性格

性格类型是孩子与生俱来的特征，不是被教导出来的，也不容易改变，所以家长要思考的是如何辨识出孩子的优势性格，进而帮助孩子带着这些天赋宝藏顺利成长。当然，在必要时，固有的性格类型还是可以通过个人的意愿进行调整，就像惯用左手的人，如果左手受伤，就非得学习使用右手工作；内向型的人假如要当业务员，还是要学习跟陌生人说话……但这种情况应该是孩子为了应对不同事件而自行做出的改变，而非由家长强制要求，所以将主导权还给孩子，让他们放手去做，以"接纳""顺应""鼓励""信任"取代"教导"与"改变"，是 MBTI® 核心的教养理念。

Part 2-1

·····························

乐于分享还是喜欢独处？孩子是外向型还是内向型？

在了解孩子是外向型（E）还是内向型（I）时，请先进行下面的小测试，根据孩子的情况，想想您是否也曾有过这样的疑问，然后再勾选下面题目。

做个小测试

□ 为什么孩子从小就很怕生？（I）

□ 为什么孩子上课老爱讲话，被老师批评依旧不改？（E）

□ 为什么孩子读书、做事很容易被周遭的事物、声音吸引而分心？（E）

□ 为什么孩子经常把家里的大小事主动告诉别人？（E）

□ 为什么孩子经常是大人问一句他才会答一句？（I）

□ 为什么孩子假日总是宅在家，好像没什么朋友？（I）

□ 为什么孩子朋友多，假日老往外跑，不容易静下来待在家里？（E）

□ 为什么大人说话孩子喜欢打岔凑热闹？（E）

□ 为什么孩子长大后很少主动跟我们聊天？（I）

□ 为什么孩子从小就不吵人，能独自一个人玩他的玩具？（I）

计算您勾选的题数

外向型（E）：＿＿＿＿＿＿　　　内向型（I）：＿＿＿＿＿＿

不论话多话少，每个孩子都一样好

上语文课时，老师正在进行《回到鹿港》这一课的教学，文文立刻举手大声说："我爸妈寒假时带我去过，鹿港有九曲巷和半边井，还有……"

老师提问："上一课我们学到淡水小镇，这两个地点有什么不同？"

文文答道："淡水小镇我也去过，还坐了渡轮、吃了包子和铁蛋……"

而安安在一旁默默想着："奶奶家就在鹿港，叔叔是工艺师，姑姑在街上卖蚵仔煎，而这些事情要怎么讲比较好呢？"

如果您是文文的家长，看到他在课堂上不停地讲话，可能会很想制止他，叫他不要再说了。可是专家又鼓励孩子踊跃发言，这该怎么办呢？而安安的爸妈，假如看到安安好像一直呆坐在座位上神游太虚，也许会非常着急，想着孩子去过鹿港，也知道很多，为什么不发言呢？

从上述情况可以看到，孩子的注意力及与人互动的方式，有两种不一样的类型。下面的表格总结出一些不同的特征，家长可以观察自己的孩子比较偏向哪一种类型。

外向型（E）	内向型（I）
★热衷于回应别人，喜欢和外在世界互动。	★对外面发生的事件不太会直接做出反应，但心里往往有许多想法。
★表达速度快。	★喜欢思考，不会主动表达。
★说话声音比较大。	★先想再说、先观察再行动。
★喜欢和他人分享自己的想法。	★很少主动和他人分享感受。
★容易被外在事物吸引。	★常常独处发呆。

这两种不同的性格倾向，跟文文比较类似的称为外向型，与安安类似的是内向型。孩子还小的时候，父母就可以观察到，外向型的孩子即使一个人玩，也会不停地发出声音，或是主动和别人互动、对话，虽然大人听不懂他在说什么，但是他仍乐在其中。

而内向型的孩子会一个人静静地玩玩具，甚至可能已经周岁了，还不会出声讲话，父母因而会担心孩子是否发育迟缓，但是等孩子一开口说话时，有时竟能出口成章，令人惊讶。

外向内向本天生，教养得宜无困难

孩子究竟是内向型（I）还是外向型（E），这是与生俱来的特质，但在教养上，假如能了解他们不同的特质，就能掌握有效沟通的方法，进而教养出优秀的孩子。那么，要如何和外向型或内向型的孩子互动呢？

有三个原则请父母们一定要谨记在心，那就是：

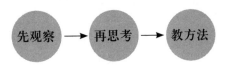

先观察 → 再思考 → 教方法

上述的图示，是要请父母或老师在教养孩子之前，先静下心来观察孩子的性格倾向，再想一想他们的行为属于哪种性格类型，外向型吗？还是内向型？最后再因势利导，选用最适合孩子的教养策略。如此一来，孩子才能有更好的表现。

孩子总是迅速回应还是想过再说？

首先，我们来看看外向型（E）文文的例子。

························ **外向型的孩子** ························

文文从小就不怕生，有话就说，很喜欢和其他的小朋友一起玩，不管是与同学还是爸妈的大人朋友，都可以开心地聊天说话，甚至没人提问，他也会主动把家里的事情"广播放送"。如猫狗打架、父母吵闹、家中秘密等，都会在大庭广众之下说给外人听。

在学校也是如此。上课的时候，他头脑中一有想法出现，就要说出来，跟坐在旁边的同学分享。因此老师经常向父母反映，"孩子上课爱讲话，屡劝不听……"

【特征】乐于与人分享、迅速回应

一般父母碰到这样的情形，第一反应常是恼羞成怒，气急败坏地责骂孩子，但是往往成效不佳，孩子被批评之后，不到 5 分钟又嘻嘻哈哈，一点也不受父母、老师的影响。

仔细想一想，他们爱说话，本质上并不是故意要挑衅父母，惹老师生气，只是有话就说而已。为什么外向型的孩子会如此多话呢？因为他只是单纯地想与人分享，这是他们和世界互动的方式。

有什么方法可以让孩子懂得什么话该说，什么话不该说；什么时候该说，什么时候不要说呢？

外向型（E）

对策 ① 父母从小就要经常教导外向型的孩子，分辨"开放"和"私密"的意义

引导孩子去思考，在社交网站上发文时，会希望谁看到这篇文章呢？是所有的人，还是你的朋友，或仅限于你设定的那些人呢？随时提醒孩子，哪些是家里芝麻绿豆的小事，不要四处"广播放送"，哪些是值得大家知道的好事，可以和别人分享。帮助孩子建立了说话的界限，未来就知所进退。

对策 ❷	上课时不能随意讲话， 引导孩子用别的方式来表达

假如孩子上课时不能随便讲话，但忍不住，可以引导孩子用别的方式来表达。例如把想说的话写在纸条上或画出来，下课后再传给同学，这样既达到他和同学分享的目的，也不会扰乱课堂秩序。

对策 ❸	教导孩子说话前要先做到 "停→听→说"

简单来说，就是先停下来，听同学们在讲什么，再加入谈话。在学校，常见到有一群小朋友在聊天，而外向型孩子一过来，马上就大大咧咧地说自己的事情，把大伙儿原本的话题都带跑了。久而久之，大家见他过来就不说话或散开了。假如孩子在不知不觉间养成这样的习惯，长大后就不容易改掉，容易影响他的人际关系。

另外一个案例是内向型（I）安安。

·························· **内向型的孩子** ··························

安安从小就怕生，妈妈带他出门，看到不熟悉的人或亲戚朋友时，安安常常会躲到妈妈身后，怯怯地偷看对方，别人问话也不回答，好像没听见一样。老师反映说，安安在学校讲话声音比较小，就像蚊子在叫一样，而且常常一个人坐在位子上发呆。

【特征】要想过才回答、怕生

现在的教育经常会鼓励学生勇于表达，许多课程要求学生上台做报告，一些考试中也有面试的要求，像安安这样内向安静的孩子，在家里还好，但未来是不是会在学习或考试上失利呢？有时候强迫他们回答，例如催促着："你怎么不说话呢？叔叔在问你啊！"他们反而更加退缩，或直接回答："我不知道。"很多家长因此会相当担忧，生怕因为个性而影响孩子的前程。

请爸爸妈妈们别着急，记得掌握三个原则："先观察→再思考→教方法"，问题就能迎刃而解。很多家长已经观察到，内向型的孩子和外向型的孩子刚好相反，他们喜欢独自一个人待着，经常会安静地看书或独坐发呆，似乎不想和外在世界交流。而事实上，他们常常将日常生活中所学到的东西，在脑中不断演练，并享受神游思考的快乐。那要怎样引导，才能让内向型孩子乐于将丰富精彩的想法与大家分享呢？

内向型（1）

| 对策 1 | 鹦鹉式的教导，让孩子复述父母所说的话 |

孩子还小时，允许他暂时不回应别人的提问，然后以鹦鹉式

的语言引导他说："来！这是阿姨……跟妈妈一起叫'阿姨'。"等他适应或年纪稍大一点之后，就能自己主动跟长辈打招呼。尽可能不要强迫孩子一定要向对方问好，否则很容易弄巧成拙。

> **对策 ❷** | **先了解孩子内心的感受，再给予恰当的引导**

内向型的孩子喜欢安静、不爱嘈杂，所以在学校的小组学习中，四五个人一起时，能分享自己的想法或心事，也会聊得比较深入。父母或老师了解了这些孩子的天性后，可以主动询问他们，或是给予发言的机会，让内向型的孩子能将缜密思考后的答案分享给同学。

> **对策 ❸** | **给予较长的反应时间，鼓励孩子分享脑中想法**

内向型的孩子并不是反应比较慢，而是他们在说话之前，必须先想想该怎么回答比较好，所以需要较长的思考时间。当父母或是老师发现孩子只说出"嗯""喔"这些字时，应该先暂停一下，等几分钟之后，再鼓励他们把脑海中所想到的分享给同学。

孩子说话不经思考？还是闷不作声？

有时家长在面对外向型（E）的孩子时，可能会因为他们不经思考就说出来的话语而焦虑，如同下面的例子。

·················· 外向型的孩子 ··················

文文跟爸妈说："刚考完试，我明天下午要逃学去打篮球。"妈妈一听，十分紧张地叫住他："怎么可以逃学，考完试还是要认真上课啊！"文文不耐烦地回答说："我只不过说说而已，你干吗那么紧张地骂个不停？以后什么事都不跟你说了……"妈妈听了十分伤心，心想孩子才3年级就想逃学、会顶嘴，以后要怎么管教？

【特征】不经思考

碰到文文这样的情况，父母先别急着回应或说教，而是要确定孩子是不是只是说说而已。外向型的孩子常常想到什么就说什么，不一定会这么做。所以父母要先静下心来观察，再进行回应。

外向型的孩子喜欢多人一起分享

对策 ❶	理解孩子， 利用"说"来整理思绪

外向型的孩子常常想到什么就说什么，他们其实是在通过"说"的过程，逐步整理自己的思绪，并不是已经决定要那样做，假如父母不急着回应，就会发现他一会儿说要逃学打篮球，一会儿又想跟同学去玩桌游，一会儿又说还是跟朋友在教室玩比较好……

外向型的孩子没办法坐下来安静地思考，他们常会不断地把自己的想法说出来，一边说一边想，而且他们喜欢有人听他们说话，父母只要轻松地回应孩子："真的吗？"或者先同理他的想法："是啊！我也想逃学轻松一下，不过我没有你那么豁达，我会担心不去上课的话，会有一些重要的内容没听到。"让孩子讲完他想说的话，过一段时间之后再询问孩子会怎么做。

对策 ❷	引导孩子想想行为的后果， 讨论可行方法

不可否认的是，有些外向型的孩子确实会比较冲动，凡事做了再说。这时候，父母就要引导孩子意识到自己可能会做出不合时宜的事，并预想到可能出现的后果。例如逃学去打篮球，除了会受到校规及老师的处置之外，爸妈也会给自己相应的惩罚。例

如周末不准出游，或休闲时间不能玩喜欢的游戏……父母可以和孩子讨论，刚考完试想要放松一下，可以怎么做呢？鼓励孩子自己提出策略，想好再做，这样可以帮助外向型的孩子及时踩刹车，忍住冲动。

而内向型（I）的安安又是另外一种情况。

内向型的孩子

安安今天放学一进家门，不打招呼就绷着一副臭脸，走进自己的房间，把门关上。妈妈追进房间，问他发生了什么事，他也不回答，反而钻到棉被里去了。妈妈生气极了，正要骂他时，电话铃响了，老师打来说，今天中午安安不小心把同学的杯子摔破了，同学要求他赔偿。妈妈听了之后，问安安是不是因为这件事而心情不好，他窝在棉被里哭了起来。

【特征】闷不吭声、需要时间消化

有时候，家长对于内向型孩子这种闷不吭声的特质，真的感到很伤脑筋，不论问他、骂他、逼他，好像都没有用，反而会让孩子更加封闭自己。这些孩子原本就不太喜欢跟别人分享心事或想法，一旦有了情绪困扰，自己不知道怎么处理，也不向大人求助，要怎么引导比较好呢？

内向型的孩子别人问话不会直接回答

内向型（I）

对策 ❶ | 孩子情绪不佳或无法独自应对时，给予孩子缓和的时间

孩子处在生气、焦虑、受挫、恐惧等情绪下时，可能不知道该如何处理，或担心说出实情会被责备，所以往往什么都不说。

很多内向型的孩子，需要多一点时间去回想事件的始末，此时，父母和老师先不要急着询问或教导，而是要耐心地等待。当然，父母也可以先同理他们的感受，再提供一些处理方法让孩子自己选择，帮助孩子走出情绪风暴。例如说，"妈妈知道你现在心情不好，先休息一下，喝一杯果汁，半个小时之后，再出来跟妈妈说，好吗？""你想要半小时之后跟妈妈说，还是吃饭的时候再说？"当孩子做出决定后，就耐心等待，然后倾听并理解他们的想法。

对策 ❷ | 引导孩子说出自己的想法和感受

在孩子小的时候，父母可以多和孩子聊聊天，以此来引导他们提升表达、分享的能力。例如，每天放学回来问问孩子，"今天学校有什么好玩的事啊？"或是"跟同学玩得开心吗？""有没有学到什么有趣的知识啊？"一方面让孩子感觉到学习是件有趣的事情，去学校可以交到朋友，跟同学玩是很棒的事；另一

方面可以让孩子把心事跟父母分享。

当然，父母也可以主动地和孩子分享生活中的所见所闻，以及有哪些窘况，让孩子了解爸妈的心情及想法，有助于提升亲子互动的质量。

对策 3 | 和孩子讨论解决问题的方法

内向型的孩子习惯自己处理事情，假如父母了解他所经历的事件，例如不小心打破了同桌的杯子，就可以借机跟他讨论，引导他说出当下的情绪与感受，是慌张还是内疚，或者还有其他的感受……然后再一起商量解决问题的方法："周日我们一起去大卖场，买一个一样的杯子还给同学好吗？还是你有其他的想法？"这样的方式除了引导孩子表达情绪之外，也示范了如何找到解决问题的方法，最重要的是引导内向型的孩子能主动分享自己的事情，并学习如何向他人求助。

对策 4 | 允许孩子用不一样的方式沟通

和外向型的孩子要"用讲话的方法沟通"，我们常看到外向型的父母和外向型的孩子起争执，双方一来一往，即使当时吵得不可开交，但是一阵风雨过后，就相安无事了。

但是要求内向型的孩子"当面讲清楚"，可能是一件困难的事，所以我们可以允许孩子思考之后，用文字或通讯软件表达。现在手机有各种通讯软件，是彼此沟通的利器，父母可以引导孩子好好使用。

手机的通讯软件除了用来留言、联络事情之外，也可以用来进行无声地"争论"，以避免一些窘境。这样的沟通方式能减少情绪性话语，避免出口伤人的行为，又可以增加思考的时间，非常适合内向型的孩子学习应用。

孩子喜欢同时学习多种课程还是喜欢专心学一样？

有些父母在养育孩子的过程中，往往会发现自己和孩子个性不同，导致亲子互动质量不佳。外向型（E）的文文和内向型（I）的妈妈就是如此。

文文的课外活动安排了足球、钢琴、素描、数学及英语，妈妈每天为了带他学习才艺，都累惨了，没想到，文文又拿回来一张报名表："妈，我星期六早上想去溜直排轮。"个性特质与孩子相反，属于内向型的妈妈，一想到周末不能好好在家休息，还要早起送孩子去学才艺就很头痛，她想不通为什么文文一定要天天往外跑呢？像自己一样，在家悠闲地喝喝茶、看看书、做做手工艺，不是非常幸福吗？

若是父母与孩子的性格倾向不一样，可以针对孩子不同的个性，来安排不同的学习内容。

★外向型孩子（E）

简单来说，这类型的孩子习惯边说边想、边做边学，通常无法静下来独自一人学习。所以他们很喜欢参加活动，团体学习的方式对他们来说是最好的，比如上补习班、参加夏令营等。他们会将课余时间排得满满的，而且乐此不疲。

对于这类型的孩子，父母可以安排比较多的课外活动或学习课程，孩子的收获肯定相当丰硕。但能否达到家长所预期的学习效果，那就不一定了，因为这些课程、活动，只是他交朋友、玩游戏的场合啊！而且，外向型的孩子兴趣广泛，什么都想尝试，就会导致样样通却样样松，没有一样能学专、学精。

★内向型孩子（I）

这类型的孩子需要安静，并且需要提供给他们独处、自学的环境。他们需要有比较长的休息时间才能有精神和体力做下一件事情，喜欢自己研读书本，做深入的研究，学习任何东西都是精通一项之后，才会想要换另一项。

"我思故我在"是内向型的孩子特质，他们享受自己神游思考的快乐。可是有些外向型的父母看见内向型的孩子独自坐在沙发上发呆，就觉得孩子太懒散了，马上分派作业给他。事实上，内向型的孩子，看似呆坐在那里或赖在床上，但脑子可没闲着，思绪一秒钟不知道就绕地球跑几圈了，有很多的点子就是在这时候产生的呢!

因此,尊重内向型孩子需要独处思考的空间,不要给他安排满满的钢琴、绘画、作文等课程,太多的课程对他们来说简直是精神虐待,他们需要独处,安静地学习与思考,将所学的东西在脑海里面演练复习,寻找出自己的一套学习策略。

孩子对环境适应快还是需要适应期?

孩子上幼儿园的时候就可以观察到一些个性的差异,有些孩子一到教室看见小朋友们在玩玩具,马上就会跑过去融入团体和大家一起玩,他们可能是外向型(E)的孩子。

另外有些孩子却会黏着妈妈,甚至哭着不愿自己走进教室,需要妈妈和老师连哄带骗,经过好几天的时间才愿意上学,一进教室也不会主动跑去和同学一起玩玩具,你会看见他坐在旁边,先看着其他小朋友玩,然后在老师的引导下,开始小心翼翼地碰

外向型的孩子愿意融入团体和大家一起玩　　内向型的孩子喜欢单独做事

碰玩具。他们会先观察同学怎么玩，有哪些玩具及玩法，慢慢地融入团体。这些孩子就有内向型（I）的倾向。

父母可能会觉得，内向型的孩子对没见过的事物会怕东怕西，那适应环境会不会有什么困难呢？其实不用担心，对于陌生的环境和不熟悉的人、事、物，内向型的孩子会先观察，等确定安全无虞后才会行动。父母最初只要在一旁陪伴，让他们觉得没有危险，他们自然就可以勇敢探索、努力学习了。

外向型（E）｜内向型（I）
孩子的教养秘诀

认识外向型（E）与内向型（I）最重要的目的，是提醒身为父母的我们，每个孩子都有与生俱来的特质，假如能通过恰当的方式多加引导，孩子就能在成长路上散发光芒。反之，如果强行要求孩子改成另外一种性格，不但亲子关系容易出现裂痕，而且成效也不会太好。

以下针对内向与外向的类型做一些重点提示，并依各个特征提供教养策略。

个性特征①		教养策略
外向型（E）	从活动中学习。	和孩子一起动手做或带孩子参加团体活动。
内向型（I）	喜欢轻松、安静、独处的环境。	1. 不要安排太多课外活动或课程。 2. 尊重孩子的独处需要。

个性特征②		教养策略
外向型（E）	喜欢和别人分享自己的想法，想到什么就说什么。	分辨什么该说，什么不该说。
内向型（I）	享受自己神游思考的快乐。	给孩子独处的空间。

个性特征③		教养策略
外向型（E）	能快速回应他人或喜欢打岔。	引导孩子学习等待、倾听别人说完话再回应。
内向型（I）	要想过后才会回答。	给予时间，等待孩子思考过后再回答。
个性特征④		教养策略
外向型（E）	喜欢活动和变化。	1. 安排体能课与才艺课。 2. 给予不同的活动机会。
内向型（I）	做任何事之前先观察。	1. 给予时间观察。 2. 给予独自思考的时间。

性格评估题

全家一起做做看!

我们也可以用下面这几个选择题来检视,看看自己是哪种类型。

以下是必选择题,每一题都要选择其中一个答案。

1. 通常我会如何安排假日生活?

☐ A. 我通常不会待在家里,喜欢安排户外活动 (E)。

☐ B. 我喜欢在家休息或好好睡一觉 (I)。

2. 大多数人会说你是什么样的人?

☐ A. 直爽、活泼、热情 (E)。

☐ B. 含蓄、文静、内敛 (I)。

3. 是否能滔滔不绝地和别人聊天?

☐ A. 几乎与任何人都可以聊天 (E)。

☐ B. 通常只跟我熟识的、有共同兴趣的人聊天 (I)。

计算您勾选的题数

哪一类型较多,即表示自己的性格倾向为哪种类型。

选 A 答案的题数：_____ → **外向型（E）**

选 B 答案的题数：_____ → **内向型（I）**

爸爸是 _____ 型，妈妈是 _____ 型

姐姐是 _____ 型，弟弟是 _____ 型。

也可询问你的朋友或较亲近的人，你和孩子是怎样性格倾向的人。一般来说，外向型（E）和内向型（I）分别有一些固定的特质，如下。

朋友眼中的你
外向型（E）　活泼好动，善于社交，行动积极，善于表达。
内向型（I）　喜欢独处，重视隐私，容易压抑，说话前须先思考。

1. 观察孩子性格倾向是外向型（E）还是内向型（I）。

2. 试着想想孩子平常跟别人互动时，让您觉得困扰的状况，以及您当时的处理方式。例如亲友来了，孩子没有出来招呼，反而躲在房间里，您怎么处理？或是孩子坐出租车时，司机跟他闲聊，他就把家里地址及父母的职业说出来，您怎么处理？

3. 当您了解孩子的性格类型之后，您会怎么做？

孩子的性格类型倾向（E、I）	我的性格类型倾向（E、I）
孩子和我有什么相同或不同的地方	**以前我如何教导他？**
现在可以怎么做？	

梦想家或实践家？孩子是实感型还是直觉型？

在了解孩子是实感型（S）还是直觉型（N）时，请先进行下面的小测试，想想您是否有过这样的疑问。勾选下面题目，看看孩子倾向哪一类型。

做个小测试

☐为什么孩子考试总是粗心大意，经常漏掉题目没有作答？（N）

☐为什么小考、月考考得好，遇到期末考或大考就会发挥失常？（S）

☐为什么我说话时，孩子没耐心听？（N）

☐为什么孩子需要我一步步地说明指导，才会开始做？（S）

☐为什么孩子的课本画满了各种颜色的重点？（S）

☐为什么孩子东西不见了或被移动位置，却毫无知觉？（N）

☐为什么孩子看到喜欢的东西即使很贵也要买？（N）

☐为什么孩子宁愿把钱存起来，也舍不得买喜欢的东西？（S）

☐为什么孩子学习一项才艺，新鲜感过了就想换别的学？（N）

☐为什么孩子说话很琐碎，似乎无法表达重点？（S）

计算您勾选的题数

实感型（S）：＿＿＿＿＿＿　　直觉型（N）：＿＿＿＿＿＿

看了第一章的介绍，也许有些家长会认为，孩子究竟是外向型（E）还是内向型（I）都没有关系，只要能够好好读书学习就行了。其实，性格类型不仅表现在日常生活中，也和读书息息相关。

外向、内向的行为比较外显，大家容易观察，Part 2-2 评估所要讨论的实感型（S）和直觉型（N），通常跟学习密切相关，而且很容易在教养过程中被忽略，甚至导致亲子发生冲突。

追根究底有耐心

老师拿着一沓画纸走进教室，宣布学校举行一个绘画比赛，题目是"圆的联想"，请同学开始作画。老师发下画纸，只见上面有一个圆圈，其他什么都没有。

文文觉得很疑惑，举手问老师："这要怎么画？"老师回答："你想怎么画都可以。"文文又问："那画太阳可以吗？还是画摩天轮？画气球也可以吗？"老师回答："你想到什么都可以画下来！"而安安拿到画纸后，开心地说："哇，太棒了，我要画蜘蛛精。"

老师发现，文文画一会儿就会提问，有时还会和旁边的同学讨论，快下课了才画了一半。安安好像不假思索地画了很多，图像有趣、用色大胆，真的很有创意。

实感、直觉都很好，有教无"累"学方法

从上述的例子可以发现，当有任务时，有的孩子需要很清楚的指示，一步一步地告诉他怎么做；有的孩子很有想法，往往不要大人教导，自己就会做出很特别的东西。有些老师和家长会以为，前一类孩子需要别人一个口令、一个动作来提示，好像无法独立完成任务；后者则能自己想方设法解决问题，创新求变，所以应该比较聪明。

事实上，这些表现可能无关乎智商高低，而是源自他们各自不同的学习事物、收集信息的方法，因此对任务的诠释与完成任务时的做法也有差异。

需要清楚指示的孩子称为实感（实际感觉）型（S），喜欢自由发挥的孩子，称为直觉（直觉想象）型（N）。

实感型的孩子比较仰赖五感——视觉、触觉、味觉、听觉、嗅觉，以及实践体验来学习，所以他们很关心怎么做，用什么东西来做，成品是什么等问题。也正因为他们依赖经验来学习，所以每个环节之间的衔接，就显得非常重要，非得要弄清楚才行。

举个例子，有一次朋友跟儿子说："你放学回家时，到我们家附近的××超市买份报纸回来。"儿子回答："要去哪一家啊？

从下车的公交车站开始，就有 3 家 ×× 超市，到底要去哪一家？"

假如父母不了解实感型的孩子，就可能骂他："你真的很不会变通呀，随便哪一家，只要买得到报纸就可以了！"如此一来，不但伤了孩子，也会让亲子关系产生裂痕。

而直觉型的孩子的想法总是天马行空的，以上述买报纸的例子来说，你请他去"我们家附近的 ×× 超市"买，他也许就会回应说，为什么一定要去我们家附近或是 ×× 超市，我只要能买到就行了。直觉型的孩子比较会推测、类化，有丰富的想象力，但不喜欢被限制、束缚，所以有时就显得桀骜不驯，不听指令。

一般来说，这两种性格类型要等到孩子大一点，也许要到小学之后，父母才能察觉出来。

直觉型的孩子，会被一些创新、抽象、象征、未知的事物吸引，但这些"胡思乱想""乱七八糟"的行为，很可能在学习过程中被压抑、忽略了，导致他们的优势性格无法顺利发展，甚至被强硬纠正，不断地被要求以另一个他们不擅长的方式来学习，就像哈利·波特生活在一群麻瓜的现实世界里，自己怎么做都觉得不对劲。

也许父母和老师们会说，小孩本来就要听大人的话啊！上课就是要专心，课本要保持干净；做笔记时字迹要工整，最好还要使用不同颜色的荧光笔，这样将来要复习才方便！但是有的孩子就常常做不到，被老师说上课不用心；爸妈在家指导他读书时会边写边画，笔记怎么教都无法做到整齐细致。这样的孩子可能就是直觉型的孩子。一味地要求直觉型的孩子按部就班、循序渐进地学习，未必是有效的策略。如果能跟孩子谈一谈，让他自己说说什么方法是他比较擅长的，花点时间和他做些更深入的思考与讨论，也许能在很短的时间内收到很好的成效。

辨识孩子究竟是实感型还是直觉型，有助于家长有效地教导孩子们学习，也能推测出他们如何看待事情、如何诠释所接受的信息，以及他们可能采取的行动。这样既能避免父母的教诲如"对牛弹琴"的情况，也不会产生亲子关系冲突。

下面的表格列举出一些不同的特征，家长可以观察自己的孩子比较偏向哪一种类型。

实感型（S）	直觉型（N）
★需要父母的口令、动作来引导。	★想方设法，创新求变。
★仰赖五感，实际体验。	★推测类化，自由想象。
★重视当下具体的事实。	★重视抽象概念，追求未来梦想。
★说话做事重视细节。	★喜欢天马行空、奇幻的故事。

孩子喜欢明确指示还是喜欢自主管理？

很多家长会觉得，实感型（S）的孩子好像比较听话，容易教导；而直觉型（N）的孩子则不太受教，给人天马行空、不受约束的感觉。然而，只要掌握以下方法，就能有效引导孩子，让亲子沟通更加顺畅。

妈妈要两个孩子帮忙打扫房间，告诉他们："一起去把地扫一扫。"

老大问："要扫哪里？只要扫客厅就好了吗？"

老二只说："喔。"拿起扫帚就东扫一下，西拂一下，就说他扫好了。

我们几乎可以断定，老大认真细心的态度，比较容易获得母亲的称赞，而老二这种乱扫一通的行为，除了挨骂之外，可能还会得到重扫一遍的处置。撇开偷懒与否的偏见，以性格类型的观点来说，老大需要别人告诉他要扫哪里，怎么扫，比较偏向实感型，老二则是自己想怎么做就怎么做，只要扫完就好了，比较倾向直觉型。通常在孩子就读中学以前，大人教导孩子做事时，往往会告诉他们明确的时间、地点及范围，还有要求与标准，这对于实感型的孩子来说，简直就是如鱼得水，对于他们常提问相关细节的行为，老师和家长可能还会赞扬他们懂得提问，要其他同学向他看齐。可是渐渐长大后，孩子们常要面对某些较为复杂的事物，或是必须思考、想象的课题，他们往往会愣在那等待说明，这时，需要"每事问""事事教""处处教"的孩子，可能就会令人感到厌烦。

有时候，实感型的大孩子非但无法获得他人的帮助，反而常会听到人家对他说"你能不能不要钻牛角尖""要看重点，不要管细节""你怎么不自己先想一想"，这些话语令他们不知所措，而且也无法解决他们当下所遭遇的困难。

而直觉型的孩子则会根据自己的想法来做事，对于事件有自己的观点与诠释，不太仰赖他人的引导与指示。但他们比较缺乏耐心，等不及听别人把话说完，父母或老师们常会觉得他们鲁莽草率，总是要求他们听完指令再做，如果没有达到标准必须重做。

> **对策 ❶** 对实感型（S）的孩子要有耐心，对直觉型（N）的孩要包容

简单来说，对待实感型的孩子要有耐心，尽可能给予他们明确的指示及步骤，或提供相关的范例让他们参考，他们才不会像无头苍蝇一样，找不到方向。另一方面，对于直觉型的孩子，尽可能不要去否定和压抑他们，勉强他们按图索骥，因为这样不但得不到成效，也可能会使孩子越来越没自信。

> **对策 ❷** 实感型（S）的孩子要多想象，直觉型（N）的孩子要多实践

对于实感型的大孩子而言，父母要引导他自主思考，鼓励他

做不同的尝试，不要一味地等待指令；直觉型的大孩子虽然想法很多，但多流于空泛，父母要适时地和孩子讨论，列出步骤及实施方法，引导他们落实想法。

孩子重视细节还是喜欢建构概念？

姐弟两人一起去看电影，回家后，妈妈要两个孩子聊聊这部影片在演些什么。弟弟兴奋地说，电影里有小丑鱼、蓝鲸、水母、海龟、鲛鳐鱼，真的很好看。姐姐说才不是这样，这个片子在讲动物之间的情感，包括亲情、友情、爱情，让人看了很感动。

从上述例子中我们可以看到不同孩子关注的焦点有很大的不同。弟弟看到影片中一条又一条的鱼，忽略了剧情的发展；而姐姐归纳出核心概念与主要架构，分析动物的情感关系。细节多半是具体的、容易看到的，而概念则是通过抽象思考而得出的。

发展心理学家提到，孩子比较小的时候，会倾向于用感觉动作、具体经验来理解事情，大一点才会发展出类比、推测等抽象思维的能力。大约在小学三四年级以后，家长就可以从孩子们所做的笔记，看出实感型（S）和直觉型（N）孩子之间的差异。有些孩子的课本上画有红色线、黄色线、绿色线等，用不同颜色来标记重点，几乎整本书都是重点，这是实感型的孩子。而另外一些孩子的课本，期末整理时还像全新的一样，偶尔会出现一些图画，但是几乎没有做笔记，也没有画重点。老师和家长不禁会怀疑，他上课在听讲吗？怎么没有学习过的痕迹？但询问他们课程的大概内容，他们却可以对答如流。直觉型的孩子学习时喜欢抓概念，不喜欢一大堆看起来不必要的细节，所以对他们来讲，记笔记可能仅是手部运动而已。有些老师会以笔记考量平时成绩，借以检视孩子们上课的过程，这些例行的抄写，对他们来说真的痛苦万分。

> ## 对策 ❶ 实感型（S）的孩子逐步教，直觉型（N）的孩子教重点

面对重视细节的实感型孩子，父母需要从头到尾一步步地教导。例如，解一道数学题时，需要 5 个步骤，孩子第 3 个步骤不懂时，父母就要从第 1 个步骤重新讲解、教导，让他能够理解每个环节是如何衔接的。

对于擅长抓住核心概念的直觉型孩子则需要重点式的教导。假如他第 3 个步骤不会，父母就讲解第 3 个步骤即可。若是从第 1 个步骤开始讲解，可能就会看到孩子不是在玩铅笔就是在看手机，好像没有专心地听，导致父母大发脾气，抱怨孩子不受管教，亲子冲突可能也会一触即发。

| 教实感型（S）的孩子
整合概念

实感型的大孩子比较重视细节，勤做笔记，所以面对小范围的阶段考试经常都能名列前茅，但在全面性的会考或高考中，却往往表现不如预期，因为这些考试重视相关的概念联结与重整。这正是实感型的孩子所拥有的优势与劣势。

父母平时可以引导他们绘制思维导图，以此来帮助他们掌握关键概念，并对以往学到的知识进行整合；在大考前可以去参加补习班的总复习课程，再结合他最擅长的细节记忆，相信对于大考成绩的提升会很有帮助。

对策
③ | 教直觉型（N）的孩子
梳理细节

直觉型的大孩子善于跳跃性思考，要适时引导他们看到细节。他们多半使用略读、速读的方式来复习，常常没有注意到某些细节；答卷时，他们经常跳跃式地答题，看到会做的题就优先作答，所以常因粗心而使成绩大起大落。

直觉型的孩子常在大型考试中获得佳绩，成为"黑马"。因为大考通常侧重概念，题型较为开放多元，考查学生分析、归纳、综合应用的能力，有些孩子甚至写考卷写到欲罢不能，觉得考题实在太有趣了。不过精细的阅读与日积月累，对直觉型的大孩子而言也是重要的一环。父母平常可以引导他们看书时，指着书本上的文字一字一字地念，考试时就用这种方法看题，帮助他们改掉容易遗漏细节的习惯，启动他们另一个方面的潜力。

对策 ④ 适性教导，成效最好

直觉型的孩子很善于抓重点，但是当你问他内容细节时，他就不太会注意到，或者需要较多的时间去回想，但是实感型的孩子却能不假思索就回答出来。因此，父母只要观察孩子在学习时需要的是什么，适时地提供帮助就可以了，特别是直觉型的孩子会总结出自己的学习方法，不需要大人在旁边监督指导。

孩子是从经验中学习还是喜欢自由思考？

文文一脸苦恼地问安安说，我用老师教的方法算，答案怎么不对呢？82–74=6不是吗？以前爸爸讲过，可以用验算的方法检查有没有算错，所以验算是82–6吗？安安觉得很纳闷，只要用自己的方法，能算出来就好了啊！为什么一定要依照老师或爸爸教的方法呢？

像文文这样具有实感型（S）倾向的孩子，会将曾经做过或看过的事物，在大脑当中形成一个数据库，假如要学习新知识，就从那个数据库中去提取，将用过的方法重新施行一遍。假如这些旧有的方法无法处理目前的问题，他们就会不知所措。

实感型的孩子喜欢明确指示

而安安这类直觉型（N）的孩子会有很多的点子和创意，面对问题反应较快，有很丰富的想象力，能自由创作，可能会用算法设计一艘与众不同的宇宙飞船，或是从数学公式中，看到一幅自己觉得很棒的"抽象画"，或写出一首意味深远的新诗。这是因为孩子们收集资料的方法不同，因此反应方式也不同，与一个人聪明与否是完全无关的。

对策① 实感型（S）孩子喜欢先熟悉再归纳

在教导实感型孩子学习新的知识时，父母可能要让他们参考一些之前的范例，并让他们反复练习，逐步引导他们建立新的概念，进而引入新的学习内容。特别是遇到比较复杂或没有规律的内容，实感型的孩子只有在得到充分的练习后，才能做出归纳。

| 接纳直觉型（N）孩子的
胡思乱想

面对直觉型的孩子时，父母要欣赏他们丰富的想象力和创造力。他们喜欢天马行空地幻想，常会自己想象着编故事，父母要能接纳孩子分享的千奇百怪的想法，千万不要一味地指责他们胡思乱想，才不会让孩子感到受挫、压抑，否则他们在现实世界里得不到接纳，往后遇到困难时就容易躲进自己的幻想世界中。当然，帮助孩子理解真实事件与幻想的差异，也是非常重要的事，毕竟我们都是生活在现实之中啊！

直觉型的孩子喜欢自由创作

孩子喜欢稳定的生活环境还是喜欢有变化？

家里要重新装修，姐姐暴跳如雷，"那我要在哪里读书、写作业？要在哪里练钢琴？3个月后就要比赛，我学了6年就为了这一天，现在什么都完了……"妈妈只好让她寄宿在家有钢琴的阿姨家，并请阿姨腾出一个空间当她的书房。弟弟一向是没定性的，一阵子拉提琴，一阵子学跆拳道，做什么事都3分钟热度，但这次倒是兴高采烈地参与设计讨论，包括空间格局、风格色彩，他都能提出自己的看法，真是令人刮目相看。

对策 ❶ | 给予实感型（S）的孩子固定的活动空间

实感型的孩子喜欢稳定熟悉的生活环境，给他们固定的活动空间，他们才会有安全感，所以爸妈最好准备一个独立的书房，让他们读书学习。这样不但能提升他们的生活质量，也会提升学习效率。

此外，这类型的孩子很有耐心和毅力，可以反复做枯燥的事情，例如能够耐下心来练习乐器，直到自己觉得满意为止。这些过程看起来十分枯燥乏味，但他们却乐此不疲。假如父母能多加鼓励，会让他们学习起来更有动力。

实感型的孩子喜欢固定的空间

对策 ❷ | 帮助直觉型（N）的孩子有始有终

直觉型的孩子常被认为没定性、不专心，其实他们上课或听讲时跟实感型的孩子一样专注，只是对于他已经学会或重复的东西，容易感到不耐烦而已。他们也常会被新的、不同的主题所吸引，容易因为一时冲动而行事。举例来说，他本来兴致勃勃地要学习一项才艺，等到一段时间之后，新鲜感没了，就想换一样新的来学。他们很难有足够长的专注力来持续完成任务。读书时也是一样的状况，有时可能非常认真用功，自觉地写作业，认真地读课文。但第二天却置之不理，完全随着心情或灵感来决定是否要做或不做某件事。

面对直觉型的孩子，父母就要帮助他们专心完成一件事，再做下一件事。每天要求他们在固定时间内完成作业，并要求他们做好该做的事情，养成良好的习惯。等到孩子通过日积月累获得良好的学习成效，他们自己也会觉得十分开心。

实感型（S）┃直觉型（N）
孩子的教养秘诀

在认识实感型（S）与直觉型（N）孩子学习方式的差异，了解每个孩子都有与生俱来的性格特征后，只要通过适合孩子的方式加引以导，就能提升孩子的学习成绩，开发他们的学习潜能。

以下针对实感与直觉这两种性格类型做一些重点提示，并依各个特征提供教养策略。

个性特征①		教养策略
实感型（S）	喜欢明确的指示。	明确地让孩子知道所有的细节和步骤。
直觉型（N）	喜欢想象、自由创作。	欣赏孩子的创意和梦想。
个性特征②		教养策略
实感型（S）	喜欢一步一步地学习。	用细节帮孩子建构概念。
直觉型（N）	不喜欢重复。	有侧重的指导。
个性特征③		教养策略
实感型（S）	出经验做引导。	用范例引导孩子学习新概念。

个性特征③		教养策略
直觉型（N）	跳跃性思考，天马行空的幻想。	帮孩子养成重视细节的习惯。

个性特征④		教养策略
实感型（S）	喜欢稳定的工作环境。	提供固定的读书和活动空间。
直觉型（N）	喜欢有变化的生活。	帮助孩子专心完成一件事，再做下一件事，有始有终。

性格评估题

全家一起做做看!

我们也可以用下面这几个选择题来检视，看看自己是哪种类型。

以下是必选题，每一题都要选择其中一个答案。

---

1. 你比较希望孩子大学读哪一类专业?

☐ A. 只要孩子喜欢，能让他实现梦想的专业都行（N）。

☐ B. 优先考虑毕业后能找到工作的专业（S）。

---

2. 你买东西时优先考虑什么?

☐ A. 只要喜欢，感觉对了就不考虑价钱（N）。

☐ B. 重视东西是否实用，并对比价格后再决定要不要买（S）。

---

3. 处理事情时，你想要了解哪些信息?

☐ A. 我想要先知道重点以及未来可能的发展（N）。

☐ B. 具体事实及细节，最好有精确的数据（S）。

计算您勾选的题数

哪一类型较多，即表示自己的性格倾向为哪种类型。

选 A 答案的题数：＿＿＿＿ → **直觉型**（N）

选 B 答案的题数：＿＿＿＿ → **实感型**（S）

爸爸是＿＿＿＿型，妈妈是＿＿＿＿型

姐姐是＿＿＿＿型，弟弟是＿＿＿＿型。

也可询问你的朋友或较亲近的人，你和孩子是怎样性格倾向的人。一般来说，实感型（S）和直觉型（N）分别有一些固定的特质，如下。

朋友眼中的你	
实感型（S）	看事情重视具体细节，做事按部就班，实事求是。
直觉型（N）	想象力丰富，能看见事情未来的发展及多种可能性，喜欢创新。

教养练习单

1.您观察到孩子的学习方式是实感型（S）还是直觉型（N）？

2.试着想想您平日在辅导孩子学习时，曾遇到什么困扰？例如帮助孩子复习时，孩子常不专心听，尽说些不相关的事，让您越教越生气。或是孩子平日做了很多笔记，但考试时不知变通，碰到没教过的东西就不会，让您不知如何教他。

3.当您了解孩子的性格类型之后，您会怎么做？

孩子的性格类型倾向（S、N）	我的性格类型倾向（S、N）
孩子和我有什么相同或不同的地方	以前我如何教导他？
现在可以怎么做？	

······················

看他如何做决定，孩子是思考型还是情感型？

在了解孩子是思考型（T）还是情感型（F）时，请先进行下面的小测试，想想您是否也有过这样的疑问。勾选下面题目，看看孩子倾向于哪一类型。

做个小测试

□ 为什么孩子凡事都要追根究底？（T）

□ 为什么孩子很容易掉眼泪？（F）

□ 为什么孩子在学校被欺负也不敢反击？（F）

□ 为什么孩子在兄弟姐妹之间什么事情都要理论清楚才行？（T）

□ 为什么孩子让人感到得理不饶人？（T）

□ 为什么孩子常把事情往自己身上揽而不敢拒绝？（F）

□ 为什么孩子让我感觉不贴心？（T）

□ 为什么孩子好辩驳、说话太直接，常得罪人？（T）

□ 为什么孩子那么敏感，在乎别人的眼光和想法？（F）

□ 为什么孩子表达要拐弯抹角，不敢直接说？（F）

计算您勾选的题数

思考型（T）：＿＿＿＿＿＿＿　　情感型（F）：＿＿＿＿＿＿＿

他一点都不贴心，却是个滥好人

考完试，老师发下考卷讲评过后，请小朋友们将做错的题目改正一遍。文文抱怨说："这次的考题真的很难，我做错这么多题，要改正很久！"安安说："不会啊！考题都在老师上课讲过的范围内，你自己没有复习好，做错了就要努力改正，没什么好说的。"文文又说："刚考完试，我答应陪朋友出去玩，但又要赶这么多作业，今晚只好熬夜了。"安安说："那怎么可以，你应该拒绝朋友才对。这次已经考差了，还一直想玩，下次一定会考得更差。你应该每天做 10 道题……"文文说："我又没有一直去玩，你为什么对我这么凶。"安安一听觉得莫名其妙："我是在帮你，你真的很爱生气。"

老师在一旁听到他们的对话真是好笑又生气，她看到的是安安真诚地规劝文文好好读书，却惹得文文生气。但这次考试真的比较难，文文也没说错，是否应该放宽改正的标准呢？

判断事物的标准，到底是理性思考还是感情优先？

通过上述例子，我们可以发现，每个孩子处理事情的方法不太一样。跟文文类似的孩子，通常碰到得意的事情就兴高采烈，碰到不如意的事情则会抱怨，情绪起伏比较大。大人们常会观察到这些孩子相当热情、贴心，同学、朋友过生日时会送上对方喜欢的礼物，老师和家长提的要求也尽可能努力完成，常常看他们为了别人的事忙得团团转。我们称这类型的孩子为情感型（F）孩子，他们在做决定时比较重感情，容易受别人影响，以情感体验为衡量事情的标准。

而有些孩子则和安安一样，情绪起伏不大，做事一板一眼，他们在面对事情时，首先会分析事情是否合理，是否合乎逻辑，是否公平公正，不会因为别人的因素而妥协。有时候大家为了一件事（例如运动会）忙成一团，他却若无其事地做自己的事情，常会让老师或同学觉得他很以自我为中心。这类型的孩子则是思考型（T），即在做判断时更注重理性思考。

孩子长大之后，父母就会发现孩子在判断或决定事情时有些明显的差异。简单来说，假如您的孩子常常会对事情进行分析与评论，那他的性格倾向应该是思考型；假如您的孩子常常会提到老师说什么、同学说什么，并且会受身边人的影响，那他可能是情感型。

思考型（T）	情感型（F）
★就事论事。	★为维护关系的和谐而迁就、妥协。
★沉着冷静。	★热情体贴。
★重视事情的公平及合理性。	★重视个人及他人的感受。
★说话直接。	★说话婉转。

孩子看重规则、重视公平而不够圆融怎么办？

上周班会课时，老师宣布要同学做社区美食的调查报告。没想到第一组的同学却忘了准备，等到报告那天，他们才着急地和第二组的文文和安安商量，由他们先上台顶着。只见文文勉为其难地点点头，安安却断然拒绝了。第一组的同学只好坦诚向老师认错，接受扣分的处分。文文看到同学被老师处罚，心里觉得很难过，他跟安安抱怨说："你为什么不和他们换顺序？先报告也没关系啊，不让同学被骂就好。"安安则认为是他们自己不认真，被扣分也怪不得别人。文文觉得安安真的很过分，而安安则认为文文不讲道理，两人为此吵得不可开交。

在这个例子中，文文愿意帮助同学，先上台报告，这种成全他人、重视和谐、避免冲突的性格，倾向情感型（F）。安安就事论事、重视公平，不会因为同学求助就破坏既定的规则，这样的性格倾向属于思考型（T）。而两人最后的争执其实是性格差异造成的，文文重视的是同学间的和睦相处和同学的内心感受，而安安关注的是规则。事实上，人与人之间的冲突，很大一部分来自不了解彼此对事情的认知或个人想法，每一个人都以自己的认知来做判断、做决定，殊不知，不同性格倾向的人对事情的认知简直是天壤之别，别人可能与自己的想法完全不同。

针对思考型孩子重视规则的天性，有如下几个对策。

思考型（T）

对策 ① 订下公平客观的规则，然后按照规则做事

像安安这类思考型的孩子，喜欢所有事情都订下规则，然后按照规则做事，这样每个人都能获得公平与公正的对待。对他们来说，只要订下了规则就得照着办，没有所谓"与人为善"的必要性。即使是家人需要帮忙，他也会直接拒绝："弟弟不在家，为什么就要我帮他做？那又不是我的工作。"因此，大人们常会以为思考型的孩子爱计较，其实他只是要求照规则办，要求公平而已。

对策 ② 制订双方都能接受的规则

有时候，周遭的人会改变规则，这时思考型的孩子可能会想要知道为什么，如果被要求遵从新的规定，他们就会追根究底，确认这件事是否合理。所以在变化多端的日常生活中，他们时常会问，为什么要这样做？这是公平的吗？例如，当老师要求孩子无论上什么课都要专心时，思考型的孩子经常会问，假如课程内容他都已经学会了，为什么不能自己看课外书？这些要求常让其他同学觉得纳闷，老师则会认为孩子在挑战权威。这些孩子并没有挑战权威的意图，他们只是要了解事情的前因后果以及公平性及合理性。

因此，若是碰到孩子质疑您定下的规则时，可以私下与他谈一谈，了解他们的想法和判断标准，并制订出双方都能接受的规则，这样，思考型的孩子才会遵守。假如大人回答他们"因为这是我说的，你不需要知道理由"，孩子会无法信服，最终只会阳奉阴违。

对策 ❸ | 提供圆融的处事范例，培养同理心

在东方的社会文化中，比较重视团体合作，思考型的孩子喜欢凡事都能订下规则，然后照着规则做事，对每一个人都要公平与公正，这样的行为模式常让人觉得处事不够圆融。

思考型的孩子讲求公平

因此，大人们要在孩子小的时候，要尽可能多地为他们提供公平客观的规则，而在他们犯错或未能达标时，给予弹性解释及修正的机会，并适时地提供各种不同的案例，例如跟孩子分享自己在职场中遇到的事件，让孩子试着感同身受，体谅别人的困难。

孩子是追根究底还是隐藏想法不敢表达？

住在乡下的奶奶千里迢迢地扛了一袋蔬菜送到家里来，特别叮咛说，这些菜是她每天挑水施肥种出来的，是质量优良的"有机蔬菜"，"你们看，这菜上面被虫咬过，长得比较丑，绝对没有农药"。弟弟说："您种的蔬菜有经过认证吗？如果没有就不算有机的。您是随便种在田里吗？被虫咬过的菜会有虫的大便！"奶奶看孙子讲得口沫横飞，她却听得一头雾水。姐姐赶紧出来打圆场："奶奶辛苦种的菜，一定是最安全、最好吃的。"弟弟说："自然老师教过，土壤、肥料、栽培方式都要注意，不然还是会有问题。"姐姐把弟弟拉到一旁小声地说："奶奶种了那么久的菜，你这样讲她会很伤心的，你只是纸上谈兵，根本不懂种菜。"弟弟："你很奇怪啊，我只是在说有机蔬菜的认证，又没有说奶奶。"

这个例子中的姐姐和上述的文文一样，都是倾向情感型（F）的孩子，他们天生就会体贴、关心别人，通常很能察言观色，会刻意地讨好他人，也害怕别人发脾气。例如姐姐怕奶奶难过，就先撒娇示好，这是因为情感型的孩子有时会缺少安全感，胆子也很小，所以希望与人关系和谐，害怕产生冲突。假如大人说话声音大一些，或不断争执吵架，他们可能就吓得全身僵硬或哭起来。而当他们犯错时，很担心被责备，所以父母对情感型的孩子要更温柔，给予包容与支持。

情感型的孩子为了和谐，总是要顾及别人的看法，不敢表达自己的意见。即使面对家人，他们说话也常拐弯抹角，例如上例中的姐姐也许不想吃到有虫的菜，但怕奶奶伤心，就勉强收下了。有时候孩子会婉转地说出自己的愿望："妈妈，你看那蛋糕好漂亮，好好吃噢！"事实上，他是想要吃蛋糕却不敢直接说出来，因为害怕被拒绝，担心自己不被爸妈喜欢，而隐藏自己的想法。

假如父母不够细心，没有觉察到孩子的需求，他就会觉得委屈，情绪压抑久了，终有一天会爆发出来，有时几近歇斯底里，会让大人惊吓不已。假如您是思考型（T）的父母，可能会完全无法理解情感型的孩子为何会如此无理取闹或情绪化，殊不知这是情感型的孩子压抑情绪到了极限，所呈现出来的现象。一般来说，情感型的孩子在团体中会比较受欢迎，但通

情感型的孩子重视他人评价

常都会迁就他人而委屈自己，以致遇事犹豫不决，不敢自己做决定。例如，参加校外活动时，明明想坐摩天轮、旋转木马，朋友却觉得这些游戏很无趣、不想玩儿，他只好跟着朋友一起去玩云霄飞车、自由落体等刺激的游戏。选社团时，心里喜欢的是羽毛球社，但还是会问朋友到底要选什么社团比较好。假如朋友要他去打篮球，他就会跟着一起去，结果可能会因为球技太差，只能做杂务。

情感型（F）

对策 ❶ 引导情感型孩子
鼓励说出自己的要求

虽然情感型的孩子常会为了迁就团体利益而保持沉默，或委婉地说"都可以"，但他们并不是没意见、没想法，更不是表达能力不佳，只是担心会破坏人际关系的和谐而已。

假如能进入孩子内心的小剧场，也可以问问孩子有什么好的意见与想法，并适时给予机会，让他们在安全、温暖的环境中学习表达。

对策 ❷ 引导情感型孩子
设立界限，适度说"No"

情感型的孩子因为害怕冲突而变成滥好人，别人要他做什么都答应，别人给他什么东西都全盘接受。老师和家长要常提醒他们关注自己的能力和时间安排，先把分内的事情做好，行有余力再帮助别人，从小引导他们设定明确界限，适度地对人、对事说"No"，并且学习勇敢地表达出自己的想法、感受、意见，不要因为害怕破坏人际关系的和谐而压抑情绪，事事妥协而委屈自己。

情感型的孩子说话婉转

孩子说话直接还是说话婉转、害怕冲突？

> 姐姐哭着来向妈妈告状："弟弟骂我很丑，又说我没有美感，不会配色。"弟弟缓步踱来："我只是说她的衣服很奇怪，粉红配紫色真的很丑。"姐姐说："你上次化装舞会扮演天使，大家都笑你又胖又笨，我怕你伤心还称赞你很可爱，你现在居然这样对我！"妈妈听了觉得又生气又好笑，只好抱抱姐姐安慰一下。

思考型（T）的孩子有很好的分析能力，他能看见事件的逻辑与谬误，并以犀利的言辞直接说出来。对他而言，只是把所见所闻讲出来而已，并不知道（也不关心）对方会有什么感受，所以当别人说他骂人时，思考型的孩子可能会觉得莫名其妙，有种被冤枉的感觉。

而情感型（F）的孩子，无论年纪多大，都会认为所有事情都是针对"我这个人"，因此就会觉得别人是在说"我的不是"，因而感到受伤。这是思考型的人无法理解的，毕竟情绪与感受对他们来说，恰恰是性格倾向的盲点。要安抚情感型的孩子不需说理，只要给予肢体的碰触及亲密的动作，包括轻拍他的背、一个握手、一个微笑、叫他的名字、让他在班上被注意、眼神直接接触、一个拥抱，他们的情绪就会得到缓和。

　　根据研究发现，幼儿从两岁就开始发展同理心，情感型的孩子在这方面有天生的优势，很自然地就会发展出良好的同理能力，但是思考型的孩子就需要大人的不断提醒与教导。假如思考型的孩子只发展出分析、评论、判断事情的合理性和逻辑性等优势能力，未来很有可能过分尖锐、愤世嫉俗而不自觉，他们凡事太看重理性，说得头头是道，但始终少了一股"人情味"。对思考型的孩子而言，他重视的是自己的能力，称赞或责备他时都要举出具体的事实，否则他会觉得你只是敷衍了事。那些善意的碰触及拥抱等动作，会让他觉得太过浮夸、矫情，假如真的要这样做，也要得到他的同意后才可以，真要表示赞赏，竖起大拇指或击掌即可。

> **对策**
> **❶** 同理心的应用

　　面对情感型的孩子，父母与老师们要了解他们比较敏感的性格，同理他们的感受，常常鼓励、称赞他，帮他建立信心。这样，到了青少年时他就能独立思考，形成自己的价值观。

思考型的孩子不会刻意地批评他人或挑剔某事，但是这些话听在情感型的人耳里，却觉得是在指责，甚至是攻击。所以，父母要教导思考型的孩子体谅别人的感受，尤其是要让孩子学习同理心。

思考型的孩子说话直接

对策 ②	用正确的方式赞美，让孩子感受到父母的爱！

称赞思考型和情感型的孩子时，方法也会有所不同。面对情感型的孩子时，称赞他们，要先同理他们的感受；而面对思考型的孩子时，要举出具体的事实，才能让他们确实感受到父母是真的在称赞他们。

该如何称赞，才能确实让思考型和情感型的孩子感受到父母的真心诚意呢？我们整理了如下几个方法。

称赞思考型（T）的孩子	称赞情感型（F）的孩子
★那太有智慧了！	★做得好，庭庭！（叫出他的名字，这非常重要）
★这是个好方法！	★哇！你真是贴心！
★你将会超越那个标准！	★你的作业写得太棒了！
★真是聪明的做法！	★我很开心，而且看到了你的努力！

称赞思考型（T）的孩子	称赞情感型（F）的孩子
★你的期望达成了！	★我喜欢你做事的方法！
★你做×××显示出你的能力很强！	★你是超人！你是天使！
★你的能力让我佩服！	★我爱你，给你一个拥抱。
★真的，确实就像你说的那样。	

孩子了解自己的能力与定位还是重视他人评价？

安安刚上5年级时，学习非常认真努力，第一次月考成绩公布之后，果然名列前茅，之后他就放松心情开始玩乐，不再那么拼命用功。妈妈想起他3年级的时候也是这样，这是为什么呢？安安说："我已经知道我的实力在哪里就可以了，永远在那个位子上压力太大了，让给别人坐吧。"

思考型（T）的孩子能够了解自己的能力与定位，决定自己要尽多少力，要站在什么位置，所以能将情绪抽离出来，接受建设性的批评。当老师或同学评论他画的长颈鹿像兔子时，他可能会说"不像就不像，反正我的专长是数学，又不是美术"，还是对自己的能力充满信心。

而情感型（F）的孩子，他们的自信来自别人的评价与肯定，所以他们对别人的批评非常敏感。如果自己在家被父母喜欢，在学校受到同学欢迎与老师的喜爱，他们就能够专注于学习；如果听到老师或同学的批评，可能立刻就气馁，觉得自己能力太差，然后就产生强烈的自卑感，甚至因而对老师产生恐惧，对那位老师所教的课程也无法学好，甚至会产生厌学情绪。

对策 ❶ 挑战与关心

对待思考型的孩子，可以建立一个公平的机制，让他们自由地接受挑战，即使给予直接批评也没有问题。而对情感型的孩子，可能要先跟他们建立亲近的关系，再委婉地给予建议，因为他们很在意别人对他的评价，内心很容易受伤并失去信心。

对策 ❷ 允许犯错，接纳取代责备

当情感型孩子犯错时，常会有灾难化的想法。"接纳取代责备"非常重要，父母可以先拥抱安抚，再和缓教导，这样对情感型的孩子比较有效。而思考型的孩子非常看重成效，所以常常很难接受失误或挫折。例如考试成绩不理想时，他自己内心就会非常难过，如果父母再责备他，会让他更加沮丧，甚至可能会感到自己无能、自暴自弃。因此，老师和家长要能够允许他们犯错，并试着了解他们的想法，和他们讨论事情解决的方法，然后放手让他们走自己的路。

思考型（T）｜情感型（F）
孩子的教养秘诀

　　每个人都会有思考型（T）及情感型（F）的特质，只是在做决定时，会本能、直接地以自己的性格倾向，来处理所面对的人、事、物。当父母了解孩子的性格优势与盲点后，如果能引导他们觉察自己该用理性思维来处理或决定事情，以及面对他人时留意自己是否该试着用感性的一面，来接纳、同理别人的感受及情绪，这样孩子在未来的人生道路上，才能走得更好、更稳。

　　以下针对思考与情感这两种性格类型做一些重点提示，并依各个特征提供教养策略。

个性特征①		教养策略
思考型（T）	重视公平性。	制订公平公正的规则。
情感型（F）	关心人际关系的和谐。	给予孩子包容与支持。

个性特征②		教养策略
思考型（T）	凡事追根究底，需要知道为什么。	1. 直接、清楚地回答孩子的问题。 2. 明确地制订评估标准。
情感型（F）	重视感受，情绪细腻。	1. 照顾孩子的感受。 2. 冲突后给予安慰与支持。

个性特征③		教养策略
思考型（T）	说话直接。	教导孩子培养同理心。
情感型（F）	说话婉转。	鼓励孩子表达自己的想法。

个性特征④		教养策略
思考型（T）	了解自己的能力与定位。	1. 允许孩子犯错。 2. 具体称赞孩子的能力。
情感型（F）	喜欢充满变化的事。	重视他人的评价，称赞孩子的贡献和价值。（如善良、温暖等特质。）

性格评估题

....

全家一起做做看!

我们也可以用下面这几个选择题来检视,看看自己是哪种类型。

以下是必选题,每一题都要选择其中一个答案。

....

1. 孩子在学校跟同学发生冲突时,我首先会怎么做?

　□ A. 分析来龙去脉并看如何解决问题(T)。

　□ B. 先安抚孩子的情绪再问事情经过(F)。

....

2. 做决定时你认为最重要的是什么?

　□ A. 分析事情的合理性和逻辑性,再来做决定(T)。

　□ B. 会调查、询问他人的意见,以团体利益为重(F)。

....

3. 你比较喜欢别人如何称赞你?

　□ A. 能干、理性(T)。

　□ B. 有爱心、有同情心(F)。

计算您勾选的题数

哪一类型较多，即表示自己的性格倾向为哪种类型。

选 A 答案的题数：_____ → **思考型（T）**

选 B 答案的题数：_____ → **情感型（F）**

爸爸是 _____ 型，妈妈是 _____ 型

姐姐是 _____ 型，弟弟是 _____ 型。

也可询问你的朋友或较亲近的人，你和孩子是怎样性格倾向的人。一般来说，思考型（T）和情感型（F）分别有一些固定的特质，如下。

朋友眼中的你	
思考型（T）	专长是分析与评估事情的逻辑及合理性，要求事情有规则，重视公平性。
情感型（F）	座右铭是"人生以服务为目的"，希望和身边亲近的人都能和睦相处，宁可牺牲自己也要成全他人。

1.观察孩子做决定时，倾向是思考型（T）还是情感型（F）。

2.试着想想，您的孩子曾经碰到这样的困扰吗？例如明明作业已经做不完了，却被朋友拉着去买生日礼物；或是孩子说话很直白，常常让人觉得不舒服。

3.当您了解孩子的性格类型之后，您会怎么做？

孩子的性格类型倾向（T、F）	我的性格类型倾向（T、F）
孩子和我有什么相同或不同的地方	以前我如何教导他？
现在可以怎么做？	

Part 2-4

行动力的展现，孩子是果断型还是随性型？

在了解孩子是果断型（J）还是随性型（P）时，请先进行下面的小测试，想想您是否有过这样的疑问。勾选下面题目，看看孩子倾向是哪一型。

做个小测试

☐ 为什么孩子很容易紧张？（J）

☐ 为什么孩子总是漫不经心，天塌下来也无所谓的样子？（P）

☐ 为什么孩子写作业总是拖拖拉拉？（P）

☐ 为什么孩子房间很乱却不让爸妈帮忙整理？（P）

☐ 为什么只要动过孩子的东西，他就会知道并生气？（J）

☐ 为什么孩子经常得熬夜才能完成作业？（P）

☐ 为什么有任何计划都得提前几天通知孩子，他才愿意配合？（J）

☐ 为什么孩子做事不够积极，似乎没什么目标？（P）

☐ 为什么孩子好像是家中的管家？（J）

☐ 为什么孩子是急性子，做起事来像拼命三郎？（J）

计算您勾选的题数

果断型（J）：_____ 随性型（P）：_____

评估结果：勾选题数较多的，就是孩子所倾向的类型，将结果对应的字母填在下面空格。

孩子倾向：＿＿＿＿＿＿＿＿＿＿＿＿（J 或 P）

连同 Part 2-1~Part 2-3 所评估的结果，4 个字母组成后是下列组合中的哪一种：ESTJ、ESFJ、ENTJ、ENFJ、ENTP、ESTP、ESFP、ENFP、ISTJ、INTJ、INFJ、ISFP、ISTP、INTP、INFP、ISFJ？

填在空格中：＿＿＿＿＿＿＿＿＿＿，这就是孩子的性格类型。

＊关于上述问题，详细解说可参考附录

勇往直前冲冲冲，散漫随性任他行

校庆前夕，老师和文文在检查第二天园游会需要准备的东西，"我上个星期就把座位排好、饮料买好，餐具也准备了，装饰用的东西放在后面……"文文拿出一张纸，一边念一边在表格上打钩。老师觉得这么小的孩子就会使用检核表，真的好厉害，于是问文文："你怎么会想到要这样做？"文文爽朗地回答："我不太喜欢乱七八糟的感觉，看到妈妈帮公司做账时，常使用表格来分类，就学起来，后来觉得很方便，就一直用这种方法做事。"老师："你真棒！咦，园游会的宣传海报做了吗？"文文："安安说他可以做，他答应今天早上 9 点拿来，现在已经下午 2 点多了，怎么还不见人影？我去找他。"文文去安安家，只见他还躺在床上看漫画，地上、桌上散放着一堆书本、作业本、彩色笔、剪刀，还有零食和手机。"你的房间怎么这么乱？园游会的海报呢？"文文问。安安："不是今天画完就好吗？我等一下就会画。这几天忙着和朋友连线打电动，又去看了电影，还没来得及画。"安安恼怒地说："你上周三就答应我要画了，怎么可以耽搁这么久？等一下才开始画怎么能画好？"安安说："你放心，我看完这本漫画就开始画。"文文生气地说要去跟老师告状："我要跟老师说，你答应别人的事都没做到！"安安觉得莫名其妙，不晓得他到底在气什么。

第二天，安安在园游会开始前，才急急忙忙地冲进来，老师和文文怒气冲冲，准备骂他，只见他从书包里拿出一幅引人注目的宣传海报，富有创意的构图、丰富的色彩，让大家看呆了。

性格与生俱来，应接纳并引导，让孩子适性发展

从上面的例子中，我们可以发现有些孩子做事一板一眼、效率很高，会提前完成任务，让父母和老师很放心；而另一些孩子似乎不太有责任感，做事拖拖拉拉的，最后期限快到了还尚未动工，仍然一副不在乎的样子，一点也不紧张，常会让身边的人不断地催促。

父母常在孩子很小的时候就能观察到这两种性格类型的差异，喜欢外在秩序有条有理的孩子为果断型（J），喜欢享受生活、自由自在的孩子为随性型（P）。

父母与老师也许会认为，果断型的孩子未来应该会比较有成就，"管理"与"效能"不是现代社会最重视的吗？随性型的孩子真的是太散漫了，迟交拖延、不守约定，这些缺点假如没有得到改善，以后无法适应社会怎么办？在日常生活中，我们看到许多随性型的孩子因为这些问题而被家长说教，家长真的是非常无奈，看到别的孩子已经做了7篇作业，自己的孩子只写了1篇，花了很多力气去督促，教也教了，骂也骂了，孩子的行为也不见得有多大的改善。许多家长为此心力交瘁，甚至引发亲子战争，但是，孩子的生活还是乱成一团。这该怎么办呢？

假如孩子是果断型的性格，就真的是品学兼优的好学生，完全没有生活或学习上的困扰吗？事实上，他们虽然拥有负责任的好品格，但在团体中常给人过度紧张的印象，让人无法放松，他们常常焦虑、担心事情无法如期完成，这可能会引起同学的不悦。

反之，跟随性型的孩子相处永远没有压力，因为他们常常把工作当游戏，并且拥有新奇有趣的好点子，虽然不到最后关头，绝不着急做事，但是最后却会拿出令人眼前一亮的好成果。假如是您，想跟哪一种人合作呢？

从生活方式来说，通常果断型的孩子需要看得见的计划、方针及时间表来辅助他们；而随性型的孩子则是在看不见的脑中思考，搜罗、整合大量的资料，并依靠最后期限的压力所产生的爆发力，完成他的作品。

因此，是否有很强的时间观念可以说是果断型和随性型孩子的重要区别，果断型孩子的"准点"就是明确的几点几分，而随性型孩子的"准点"则是这个时间点的前后一段时间，可能是一两个小时或是一天之内。随性型的孩子认为，作业在最后期限完成并提交即可，但通常果断型的孩子认为仓促赶出来的东西质量不高，因此两种不同性格的孩子在相处的过程中，常会产生许多误解和冲突。

"江山易改，本性难移"，这句话有一半是对的，与生俱来的性格倾向确实不容易改变，但只要能了解、接纳不同的性格特质，并加以引导，孩子都能在生活及学习上获得成绩，并体验到快乐。每种性格类型都有优势和盲点（潜力性格），并没有哪种是特别好或特别坏的，孰优孰劣大多来自社会规范及价值偏见，所以家长看待孩子，最重要的是无条件地接纳他，从孩子既有的性格类型中找到亮点，而不是用一把量尺来量度不同性格类型的孩子并加以改造。

急惊风遇上慢郎中？如何建立孩子良好的生活习惯

在生活中，果断型（J）的孩子好像不需要教导，就能自行处理好所有的事，例如准时起床、按时吃饭、制订计划、复习功课……常让老师和家

随性型的孩子喜欢边做边玩

长觉得非常欣慰；而随性型（P）的孩子则需要随时指导、处处提醒，好像交给他什么事都无法让人放心。

然而，假如临时出了状况，随性型的孩子好像更能随机调整、自得其乐；果断型的孩子可能就会暴跳如雷，或愣在一旁不知所措。因此，我们必须了解孩子的性格类型，并掌握有效的教育方法，引导孩子做出更好的决定。

果断型（J）	随性型（P）
★喜欢有条理、有秩序的规律生活。	★喜欢自由探索，想要随心所欲地生活。
★事先规划，设定目标。	★随机应变，保持弹性。
★讲求效率，使命必达。	★不受限于达成单一目标，享受工作过程的乐趣。
★掌控进度。	★拖到最后一刻才拼命做完。

孩子喜欢有条不紊还是享受生活惊喜？

阶段考试前一周的小长假，姑姑打电话来说，希望大家一起去日月潭玩。老大知道这件事后，一会儿说不知道日月潭有什么好玩的地方，一会儿又担心作业写不完……总之仿佛有一大堆让他担心的事。而老二却显得很高兴，一想到能出去玩，就觉得实在是太棒了，很久没跟姑姑见面了，趁着出游一起聊聊，真是好棒啊！

老大属于果断型（J），除非他把原来计划里的事做完了，否则再怎么新颖有趣的事都会使他感到不安。老二属于随性型（P），天生就喜欢变化与惊奇，随性而为，生活中假如没有新鲜事的话，他还会自己创造呢！所以同样的一件事，果断型和随性型的孩子会有不同的想法与做法。

对策 ❶　引导果断型（J）的孩子应付不可预知的事件

果断型的孩子有明确的时间感和规划，对于团体中所制定的规范或计划往往近乎刻板地遵守，喜欢按部就班地生活，不愿临时做改变，因为他们认为只有每个人都负起责任完成自己手头的工作，活动才能井然有序、有效率地向前推进。所以不管在家庭还是在学校中，家长或老师们应尽可能在计划有所变动时，提前告诉他们改动的内容（最好提早一个星期告知），让他们能重新规划、准备。否则孩子会感到一片混乱，心情十分焦虑。然而现实生活中，有太多无法事先规划的事情，例如考试延期、生病请假、交通问题……碰到这种临时要做改变的状况，果断型的孩子可能会把它看作"危机"，随时紧张兮兮的。这时，父母可以先引导他们学着放轻松，告诉他们"危机可能是转机"，然后检视一下原来的计划，也许就可以应付了。例如先写完较难的作业，再赴姑姑的玩乐之约，这样等回来后再写剩余的作业，也不会担心完成不了。

对策 ❷ 引导随性型（P）的孩子分清事情的轻重缓急

随性型的孩子做事本来就比较有弹性，他们喜欢体验、尝试各式各样的活动，越是刺激越感到惊喜，预料之外的变化，常让他们把真正重要的事情拖延到最后。他们通常会先玩再写作业，对于约定的事，常会忘记，让父母及老师觉得孩子无法担当大任。所以，父母要引导他们学会分辨事情的轻重缓急，否则生活就会过得杂乱松散。

老师和家长可以让孩子在团队活动中负责某些事务，以同伴压力让他们了解遵守制度与规则的重要性，培养孩子的集体荣誉感。在参与团体活动的过程中，随性型的孩子一方面能享受自由与竞技的快感，另一方面也能获得与人合作完成任务的经验。

孩子喜欢提早计划还是赶在最后期限才完成？

两个月的暑假即将结束，只见老二写作文、种盆栽，忙得团团转，而老大则气定神闲地坐在客厅看电视、休息。妈妈一问才知道，老大在放假第一周就完成了暑假作业，而老二则是一放假就开始玩，两天后要开学了才开始写作业。妈妈听了又生气、又觉得好笑，虽然批评老二不提早做事，但看他熬夜赶工，也十分心疼。

这样的情况总是一再发生，老大都是气定神闲地提早完成，老二也老是没得到教训，这就是性格类型的差异。果断型（J）的孩子对时间比较敏感，他们很注重"截止日期"，行动敏捷，知道多少时间可以让他们完成任务，而且会充分利用时间。而随性型（P）孩子的时间感较弱，他们总是很难遵守期限，按照自己的节奏步调来做事，对他们而言更为自在。

由于对时间的掌控方式有所差异，果断型的孩子喜欢按照计划，一件一件地进行，随时掌控事情的进度。而随性型的孩子则必须在时间紧迫的压力之下，才能爆发出他的能力。他可能无法每天做一点，逐步完成一项任务。

就像遇到学校考试时，果断型的孩子不用父母操心，早早就按照计划准备妥当，考试前还能做到提早休息、养精蓄锐。而随性型的孩子到考前才会着急，父母常看他挑灯夜战，一早带着惺忪的眼睛赶到学校去应考。这种状况一再发生，小学的时候还可以勉强他早睡早起，高中之后，孩子根本无视父母的唠叨，常常火烧眉毛不得不开夜车。

对策 ❶ | 引导随性型（P）的孩子
定出最后期限

随性型的孩子对于完成任务所需要的时间，往往估算得太过紧凑，常常没考虑到其他干扰因素，导致所有的事情都会堆积在一起，所以父母必须和他讨论什么是紧急、必办的事。例如，孩子会打算在暑假结束前 2 天才写作业，这是他认为全心投入便可以完成作业的时间，可是那几天可能会出现无法预料的临时安排，最后一天是返校日，前 1 天可能还会有家族聚会，所以至少要在开学前 4 天就必须开始写作业。

引导孩子找出计划的最后期限，以及"一定"得完成的时间。例如要提醒他"还有 10 分钟时间，不然就迟到了""还有两天就是最后期限了"，让他从最后的时间往前推算，如此一来，他才能感受到时间的紧迫性，激发他开始学习的动力。

对策 2 | 允许随性型（P）的孩子赶工

随性型的孩子，对于"准时完成"真的很难做到，因为他们看似无所用心，其实是在脑内进行规划，着手做事之前总想再多搜集一点资料，对事情保持开放和探索的态度，直到在最后期限的压力之下，才完整地把之前所思所想整合起来，一鼓作气完成任务。所以他们的作品，往往是深思熟虑后的成果！而大人们却认为"赶出来的东西哪会是好东西"，其实是不了解他们的性格倾向，他们一直在计划、构想，只是那些东西都在大脑里而已。

尽管大部分人不能苟同赶工的做法，可是在了解性格类型理论之后，父母大可允许孩子在最后期限前赶工。假如不断要求孩子改变，最终只会造成彼此的冲突，对事情并没有帮助。

对策 ❸ | 引导果断型（J）的孩子 合理计划，不需超前

引导果断型孩子做计划时，可以让他估量整个工作需要多久时间，设下从开始到结束的期限，然后把事情分段规划，让他们按计划表完成。当然也要特别提醒他们注意其他因素的干扰，例如突然生病、亲戚来访等，最后告诉他们，在合理的时间内完成即可，不用特意要求超前完成。

孩子重视结果还是享受过程？

圣诞节到了，老师请大家帮忙布置教室。文文在老师分配好工作之后就立刻着手做，擦亮窗户玻璃、贴上雪花、装上铃铛……他努力地完成一项又一项的工作。安安带着同学边做边玩，甚至放下手边的工作去打球、捉昆虫，文文责备他们"不要边做边玩"，安安理直气壮地回答："我们是寓教于乐，而且圣诞树和小圆灯我们都组装好了。"

老师和家长获知文文的告状时，难免会觉得安安他们边做边玩，工作态度不佳，是想偷懒且没有责任感的表现，但想必安安也无法理解，为什么一定要严肃地工作？最终把事情做好就行，

过程中发现的乐趣是不该被忽略的。

以读书来说，随性型（P）的孩子会边读边玩，享受学习的乐趣，因为他们很擅长给自己找一个好理由，来合理化事情的结果而释怀，至于成绩起起伏伏就不是他所在意的

果断型的孩子喜欢及早完成计划

事了。而果断型（J）的孩子则有清楚的目标，比较重视学习之后所获得的成绩，对未来也有明确的规划。

> ### 对策 ❶ | 引导随性型（P）的孩子遵守必要的规范

随性型的孩子不论在工作还是读书态度上，总会让大人担心。但是即便孩子在家长的要求下做好时间规划，只要家长下一次不再监督他们，他们又会散漫起来，无论用任何方法，好像都无法让他们真正养成习惯。老师和家长要能够理解这样的孩子，并欣赏他们的天真乐观，同时引导他们学会遵守既有的规矩，养成认真的生活态度。

> ### 对策 ❷ | 让果断型（J）的孩子学会放松

果断型的孩子通常会设定符合主流价值观的明确目标，这样能让他们感到安心。老师和家长在看到他们制订出的严格的计划时，可以提醒他们将"休闲玩乐"也放进计划之中，这样生活及学习才不会太枯燥乏味。

不同的性格类型各有其优势与盲点，没有好坏，更没有对错。父母和老师要了解自己与生俱来的长处，同时更要了解并欣赏与您不同的孩子。要知道，孩子的性格优势有可能正是您的性格盲点！

果断型 J | 随性型 P
孩子的教养秘诀

　　认识果断型（J）和随性型（P）的孩子在生活习惯上的不同表现，了解他们与生俱来的巨大差异，就能促进亲子间的良性沟通，减少生活中的冲突。只要通过恰当的方式加以引导，顺应孩子的性格发展规律，就能使他们发挥性格优势，获得更为丰富的生活经验。

　　以下针对果断型与随性型的性格做一些重点提示，并提出对应的教养策略。

个性特征①		教养策略
果断型（J）	喜欢生活有条不紊。	帮助孩子学会放轻松，别太紧张。
随性型（P）	喜欢体验生活中的惊喜。	在孩子读书、玩游戏时，给予较大的弹性空间。
个性特征②		教养策略
果断型（J）	喜欢及早完成计划。	帮助孩子制订时间表。
随性型（P）	赶在期限的最后一刻才完成。	引导孩子从最后期限往前推算，以便顺利完成目标。

个性特征③		教养策略
果断型（J)	重视结果、目标导向。	教孩子放下焦虑，肯定成果。
随性型（P)	边做边玩，没有明确的时间观念。	提醒结束的时间，带领他排除困难完成计划。

个性特征④		教养策略
果断型（J)	有明确的时间感。	计划若有变动，要提前告知孩子。
随性型（P)	随遇而安，漠视规则。	用做游戏的方式，来帮助孩子养成遵守规则的习惯。

性格评估题

全家一起做做看!

我们也可以用下面这几个选择题来检视,看看自己是哪种类型。

以下是必选题,每一题都要选择其中一个答案。

---

1. 无论做任何事情,你通常:

☐ A. 预定目标,讲求效率并贯彻到底(J)。

☐ B. 做多少算多少,随时可以调整和改变(P)。

---

2. 计划一次旅游时,你比较喜欢:

☐ A. 事先规划好路程和时间,才能放心地玩(J)。

☐ B. 跟随自己的感觉,走到哪儿玩到哪儿(P)。

---

3. 大多数时候,你处理事情时更喜欢:

☐ A. 尽量提前完成以便解除压力(J)。

☐ B. 依照自己的步调进行,享受做事的过程(P)。

计算您勾选的题数

哪一类型较多，即表示自己的性格倾向为哪种类型。

选 A 答案的题数：＿＿＿＿＿＿ → **果断型（J）**

选 B 答案的题数：＿＿＿＿＿＿ → **随性型（P）**

爸爸是 ＿＿＿＿＿＿型，妈妈是 ＿＿＿＿＿＿型

姐姐是 ＿＿＿＿＿＿型，弟弟是 ＿＿＿＿＿＿型。

也可询问你的朋友或较亲近的人，你和孩子是一个怎样的人。

一般来说，果断型（J）和随性型（P）分别有一些固定的特质，

如下。

朋友眼中的你	
果断型（J）	凡事先计划、做准备，不想有意外发生。讲求效率，希望事情能快速得到解决。
随性型（P）	喜欢自由探索，享受过程，不一定要达成什么目标，经常在最后期限的压力下，才愿意做决定或完成任务。

1.您观察到孩子的学习方式是果断型（J）还是随性型（P）？

2.试着想想，您在教养孩子时曾经碰到这样的困扰吗？例如写作业拖拖拉拉，常常磨蹭到很晚还不睡觉？或是临时更改计划，孩子就会乱发脾气？

3.当您了解孩子的性格类型之后，您会怎么做？

孩子的性格类型倾向（J、P）	我的性格类型倾向（J、P）
孩子和我有什么相同或不同的地方	以前我如何教导他？
现在可以怎么做？	

Part 3

寻找孩子的性格密码

....

性格类型指标（MBTI®）可以找出每个人天生最自然的行为模式，也就是性格的优势，如 Part 1 和 Part 2 所述，我们可以从"与别人互动的习惯""认识新事物""做出决定"及"生活做事风格"这 4 个维度入手，在每个维度中，从两个对立倾向中选择一项，进而归纳出 16 种基本的性格类型。通过分析 16 型性格，可以了解自己与孩子的整体性格特征，由此可以找出每个人天生最自然的行为模式，进而找出最佳的沟通教养方法。

Part 3-1

孩子的 16 型性格密码

有些细心的家长会发现，即便都是外向型的孩子，他们表现出来的样子也不太一样。同样的，随性型的孩子们也并不完全相同。那么，是不是分类的指标不科学啊？其实，一个人性格的形成受到多种因素的影响，因此当我们评价一个人的性格时，往往评价的是这个人的综合性格，所以性格分类并不能对一个人的性格做出完整、全面的解读。MBTI® 理论将四大分类延伸为 16 种外在自我表现形态，每一种形态都可以对应一种更为饱满、全面的性格类型，如下图所示。

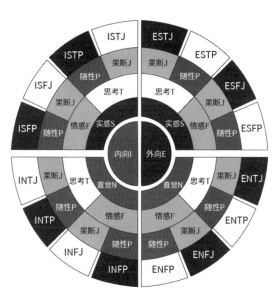

这些性格类型看似复杂，但基本上能将我们日常生活中所接触的人物都涵盖进来。以电影、戏剧或小说为例，大家会不会觉得那些编剧及作家真了不起！怎么能够创造出那么多不一样的人物角色，又那么贴近真实的人性呢？他们的灵感是怎么来的啊？而且不知道为什么，很多叫座的影片或畅销小说中的人物，都有一些共同的特征，例如喜爱冒险的人物总是活泼热情的；负责尽职的角色一定是中规中矩的；英雄人物总有几个固定的品质；坏蛋也一定会做某些坏事……全世界的作家们好像心有灵犀似的，总会将某种典型的人物形象塑造得十分相似。

想要描写虚幻角色其实并不难办，因为很多创作者们经常会以荣格的性格类型或伊莎贝尔·布里格斯·迈尔斯的人格指标作为塑造人物的实用指南。当我们想要塑造一些生动形象的角色时，就研读一下荣格及伊莎贝尔·布里格斯·迈尔斯的性格分类理论，一定能够从中受益。

当然，我们也可以观察及分析自己或家人的性格倾向是哪个类型，也许会深受启发。但是对孩子而言，似乎无法直接套用某种类型的理论。这可能是因为，孩子由于成长环境及成长过程的变化性格会发生变化。也有可能是在日常生活中，孩子的某些性格倾向没有明显地反映出来，只有遇到某些事情给予刺激时，才能引起父母的注意。以下将针对各种不同性格类型进行简单的介绍，并提出有效沟通的建议。

拼命三郎型 | *ISTJ*

性格倾向 内向、实感、思考、果断

　　拼命三郎型（ISTJ）的孩子冷静寡言，注重实际、条理分明，重视精确的细节和合乎事实的证据。他们在学习与做事的过程中会非常专心，会尽一切努力将事情做到最好，追求务实的精神，拥有良好的生活和学习习惯。虽然他们不太会主动说出自己的想法，但通常在做任何事之前，都会有目标及计划（不论是自己还是别人订下的），并且会努力执行，直到完成，因此是老师和家长眼中优秀的模范生。

　　有一位小学音乐老师分享了学生小优的故事。这位老师曾在课堂上随口说，用功的学生每天至少要弹琴两个小时以上，并且每一首曲子都要弹两遍，要认真弹，弹错的话就要重练。

　　过一段时间之后，她发现小优双手戴着护腕，笔记本上记录的练习时间很长，而且计算到秒数，于是就随口称赞了一下，并问她是不是用秒表计时的，小优说："是。"老师只觉得这个学生真特别，却也并没有十分在意。没想到当晚就接到小优妈妈的电话，她说小优想要成为老师眼中最用功的学生，每天都花五六个小时练琴，为了处理乐曲中的细节，弹错了就再弹一遍，现在手腕发炎了。而且，晚上 11 点多还在弹琴，邻居都来抗议了。

老师听了相当惊讶，没想到她无心的一句话，小优竟然会这么彻底地执行。她希望小优能适度练习就好，不要像拼命三郎似的练习，该怎么跟她沟通比较好呢?

依据小优这种追求完美，认真实践的特质来看，她具有拼命三郎型的性格倾向，吃苦如吃补。小优在意所有制订好的计划，放学之后先处理好生活琐事（吃饭、洗澡等），接下来写作业，剩下的就是练琴时间。假如没有把事情做完，她很难放松，即使身体疲惫也不能通融。至于影响邻居休息的事，不在她的计划之中，所以她也不会理会。

老师或家长其实不需要逼迫她缩短练习时间，也不需要逼迫她调整做作业和弹琴的顺序，只要提出问题，给她时间思考如何重新安排日程表就可以了。假如她无法自行处理，大人再开始介入。因为有条不紊地生活才能让她感到舒适，否则会让她心烦气躁。

教养与沟通秘诀

拼命三郎型 | *ISTJ*

和这类型的孩子讨论事情时，要就事论事，语言表达合乎逻辑、有凭有据、简明扼要，若是期待他做回应或决定时，要给他一段安静的时间来做分析，这对他们而言很重要。

此外，家长或老师们也许会发现拼命三郎型的孩子太过理智及自我，很难同理别人的情感。因此，平日可以和孩子谈谈对某个事件的感受，让孩子通过具体的事件，来感受喜、怒、哀、乐各种情绪。例如，和好朋友吵架了，有什么感觉？上台表演前，有什么感觉？久而久之，拼命三郎型的孩子就能走出以自我为中心的处境，掌握人际交往的方法，进而理解他人的想法及感受。

性格倾向　　内向、实感、思考、随性

生活观察家型（ISTP）的孩子天生安静、细心务实、处事公正、重视理性逻辑，并且待人直率随和。因为他们喜欢搞清楚事情的来龙去脉，所以往往对工程领域情有独钟。

张老师请同学交语文作业，只见家豪还在桌上摆弄乐高，完全没有拿出来的意思，老师问他是不是又没写，中午到办公室来写完。家豪心不甘情不愿地答应了。

家豪个性温和，与世无争。听他妈妈说，孩子虽然比较晚才会说话，但是手眼协调很好，上幼儿园时就会把收音机拆开观察，还曾把圆珠笔放进姐姐新买的削铅笔机，最后把机器弄坏了，让姐姐大怒。

小学之后，他疯狂地迷上了组装物品，拿起铁锤、线锯，看着说明书就开始 DIY；他也很喜欢学计算机，会用简易的程序设计小游戏，一玩起来就废寝忘食，什么都不顾了。

张老师也知道家豪对机械操作很有天分，但他对语文、历史等学科，就是不愿花费力气，假如一直勉强他，就会突然情绪爆发，说起来真的很伤脑筋。

像家豪这种类型的孩子，平时是冷静的生活观察者，但碰到有兴趣的事情，例如操作实验、修理组装等，立刻会变得精力充沛、勇于冒险。由于他们太想知道机械或物体如何运作，所以会主动在环境中寻找能帮他们练习技能的东西，例如玩灭火器、升降机等。这些孩子有时候会被误认为是制造麻烦的人，这时应该怎么引导他们呢？

首先他们喜欢使用工具，在不熟练的时候容易受伤，因此父母一定要教他们学会正确的操作方法，常常提醒他们要注意安全。其次，关于那些因为好奇而引发的麻烦事件，假如没有影响他人或没有陷入危险，不妨就给予较大的弹性空间。例如，看到孩子用放大镜聚光来烧树叶时，不妨提供他各式太阳能板，让他做个耐热实验，通常他们能很快发现问题并加以解决。想要知道某个东西怎么用、怎么修，就提供资源让他们自己去尝试，他们会觉得很快乐。此外，这类型的孩子不愿意把时间和精力花在没兴趣的事情上。如果孩子对学校课程的学习丝毫提不起兴趣，也许要让他们尝尝苦头。例如，因为没复习而考试不及格，就必须要求他们花更多的时间改正错误。当然，最好的方式是将这门课程的学习与他感兴趣的领域联系起来，例如孩子不喜欢地理课，就请他设计城市闯关游戏，也许孩子就会自觉地去学习相关的地理知识。

教养与沟通秘诀

生活观察家型 | *ISTP*

　　生活观察家型的孩子十分独立且重视隐私，所以不太容易与人建立亲密关系，而且他们总是专注于自己的逻辑思考，所以不太会同理别人的情感，也不了解、不关心自己的反应会对别人造成什么影响，有时会让人觉得他很冷漠无情，甚至有些孩子心中的座右铭就是："别理我。"

　　面对这样的孩子，要引导他们加入一些他们感兴趣的小团体，例如科学实验社、野外采集社等，让他们先在共同兴趣活动中，找到愿意亲近的老师和朋友，并在团体中学会观察他人的社交方式。当然，父母在日常生活中也要利用一切机会带领他们辨识情绪、培养同理心，体验不同的说话方式对他人的影响，让他们能在知性的世界里，领略到人情味。

03

关怀照顾型 ｜ *ISFJ*

性格倾向	内向、实感、情感、果断

关怀照顾型（ISFJ）的孩子通常内向少言、务实细心，具有牺牲奉献的精神，懂得体贴他人，同时也害怕冲突、重视和谐，通常对团体展现出非常忠诚的态度，也有很强烈的责任感。

数学考试期间，全班最乖巧的阿玲竟然传纸条给欣欣，王老师请他们到办公室谈话，欣欣虽然垂头丧气，倒还是大方地站了起来，只见阿玲脸色苍白，嘴哆嗦着，说不出一句话。王老师看着很心疼，走过去温和地跟她说："别紧张，老师只是想问一下而已。"

阿玲平日文静柔和，学习认真，不论是作业或是学校事务，都做得干净利落、井然有序。此外，她下课经常帮老师和同学做事，有时陪同学到便利店买早餐，有时帮学生干部到办公室拿物品，忙得不亦乐乎。老师还发现，她总是细心地照顾教室里的盆栽，重要节庆来临时也会将座位装饰一下，送好友一些手工礼物。总之，阿玲是一位不可多得的好学生。

那考试作弊又是怎么一回事？阿玲小心翼翼地说，欣欣是她的好朋友，考试之前，她跟阿玲诉苦："妈妈警告我，假如考不及格就要吃'竹笋炒肉丝'（指长辈用竹片打晚辈手心或屁股，

泛指体罚——编者注）。"欣欣成绩不好，可能无法达到妈妈的
要求，所以阿玲决定帮她一把……

关怀照顾型的孩子阿玲，会为好友付出情感，以朋友的需要
为先，忠诚奉献、牺牲自我，所以有时候会做出让大人惊讶的
错事。这时，老师和家长要先收起批评责备的话语，以友善温和
的姿态来交谈，敏感的他们才会吐露心声。通常他们只是情非得
已，但大人还是必须明确指出，情绪没有好坏，可以有愤怒、伤心、
同情、厌烦等，但是行为有对错，不论因为什么情感因素，做出
了违规的事，都必须为此负起责任。

教养与沟通秘诀

关怀照顾型 | *ISFJ*

关怀照顾型的孩子重视承诺、说到做到，所以他们会认为"应该"为家人或朋友扛起一些责任，假如没有做到，内心就会产生罪恶感。例如，当他们答应妈妈要早回家，没办法陪好友去逛街时，就会感到十分愧疚，可能回家后情绪会不好。

大人们在面对乖巧懂事的孩子突然无理取闹的时候，首先要让孩子进入一个完全放松的状态，他们需要保持平静，脑袋才能恢复正常的运转模式。

其次，要帮助孩子了解究竟什么是自己的需求，什么是别人的需求。假如自己和朋友的事情矛盾时，应判断把哪件事放在优先位置，特别是逐渐成为青少年的孩子，更要引导他判断孰重孰轻。

可以试着和他们分享一些工作或生活上真实的事件，最好提供细节或精确的资料，他们能够听明白，并且直接从中获益。

关怀照顾的孩子虽然会默默付出，但内心也希望家人、朋友能重视他，并感激他。

假如他所重视的人没有给予适当的反馈，他可能就会觉得自己是没价值的人。因此，在与这类孩子相处时，友善的、体贴的、支持的、具体的话语，以及表达爱的肢体接触，都能够带给孩子安全感，父母要避免只说一些空泛的话，让孩子抓不到重点。同时，给予正向的反馈，会使他们和您更加亲近。

04

艺术家型丨*ISFP*

内向、实感、情感、随性

　　艺术家型（ISFP）的孩子通常沉静谦逊、务实细心、体贴随和，具有艺术天赋。他们总是按照自己的节奏生活，看起来宁静而放松。

　　阿坤平日乖巧贴心、柔顺随和，他很有音乐天赋，听过的歌曲就能弹出旋律。虽然没有正式学过乐理知识，但他一有灵感就会试着作曲，好友还曾获得他亲手制作的"不停唱歌生日卡"，令人惊喜。他也很会画图，花鸟虫兽，无一不精，所以同学常会请他画海报，他总是尽力帮忙，常常忙得晕头转向，有时还来不及写作业。

　　这天，同学阿玲想要组团参加才艺竞赛，想到阿坤会弹琴、作曲，就邀他加入团队。大家商量若要出奇制胜，一定要请阿坤编一首欢快的舞曲，让主唱阿玲边唱边跳带动气氛。没想到阿坤写了又改，改了又写，3 天过去了都没有完成。眼看比赛时间就快到了，大家还没有开始排练，怎么办？阿玲着急起来，大声质问他到底什么时候能完成，只见阿坤低下头，一会儿就红了眼眶，大家都看傻了眼，赶紧请老师过来处理。老师请阿坤到走廊，等他情绪缓和之后再说话。过了 5 分钟，阿坤才小声地说，他想要创作一首最好的作品，但这两天都没有灵感，无法创作出他想要的感觉，看到同学失望焦急的样子，他真的好难过，也不知道该怎么办才好。

阿坤有艺术天赋，特别能感知作品中深刻的内涵，且情感充沛、细腻，故能敏锐地觉察别人的需求及内心的声音。

这类型的孩子虽然率性而为，但却对自己有极高的期待，会坚持某些重要的价值观，绝不轻易改变、妥协。他们往往想要讨人欢心，因此遇事犹豫不决，没有自信。当别人质问他们或表达不满时，他们的内心就会受到内外交迫的冲击，因而引发激烈的情绪。

这时，父母老师和家长要能理解并接纳他们，温和而坚定地帮助他们走出情绪低谷，最后引导他们说出内心纠结的想法，找出双方和解的方法，进而达成共识。假如处理过程不够细腻，说话过于尖锐，或打击到他们的自信心，孩子就很容易逃避。

简单来说，艺术家型的孩子看似平和柔顺，实际上心里却充满矛盾，他们既谦逊又腼腆，既灵活又固执，老师和家长要有爱心、耐心和细心，才能成为孩子人生道路上的指引者。

教养与沟通秘诀

艺术家型 | *ISFP*

适度求助也是艺术家型（ISFP）的孩子必须学会的课题。他们极度敏感，在陌生人面前常会扭捏畏缩，或因害羞而无法表达自己，导致他们遇到困难时，不敢说出来。

这类型的孩子敏感体贴，能根据外在环境而灵活变通，常常采取能够避免冲突的做法，对于别人的请求（特别是老师和家长或知心好友）不会拒绝，他们经常会被勉强做一些自己不太愿意做的事。例如，明明不想参加某项比赛，却被说服去参加，弄到最后，也许都在执行别人的期待，自己想要的反而不会说出来。

面对这样的孩子，父母要无条件地接纳他们的情感，让他们踏出勇敢的第一步，然后再慢慢等待孩子做决定，给他们安静思考的时间，不要马上逼他们回答。这些孩子就像娇艳的玫瑰，需要大量的爱心及耐心去栽培，当他们认为自己身处于安全的环境时，才能够大展所长。

此外，老师和家长常会觉得艺术家型的孩子时间观念太差，做事拖拖拉拉的，但他们并不是真的懒散，事实上，不论上课发呆或躺在床上，他们都是用自己的方法和步调在做事，只是外人看不出来罢了。如果将事情搞砸或结果未如预期，他们会伤心难过并丧失自信。

因此，家长可以给孩子一些范例，让孩子一步一步地学习如何制订计划、作出决定并完成任务；让孩子学习做事的流程，鼓励他们做完一件事，再做下一件事，并在他们成功后，给予实质性的奖励。

性格倾向　　**内向、直觉、思考、果断**

智多星型（INTJ）的孩子通常都相当聪慧、足智多谋、极富创意与想象力，很容易就能想出好点子。他们有能力掌控全局，评估任务执行的状况，并且有自信为自己的行动负责。

陈老师班上的小智就属于这类型的孩子。小智是小学 5 年级的学生，他的天赋呈现在语文及科学的学习上。英语老师曾提到，小智能背出很罕见的海洋生物单词，问他怎么学会的，他回答在童书中看到就背下来了。此外，他还会归纳英文发音的规则，在月考前帮助同学复习，偶尔还会写出有趣的英文绕口令和富有哲理意味的童诗。他最有兴趣的领域是生物，除了饱读相关图鉴之外，还善于观察、实践，窗边飞过一只蝴蝶，他定睛一看，就能说出它的学名，博学强记令人叹为观止。然而，陈老师的困扰是，小智课余时间就会冲去图书馆看书，不太顾及同学或班上的事务。其次，他上课时常发呆，笔记、作业常不能按时完成，只有在自己喜欢或感兴趣的课上，才会主动搜集资料，并且做出惊艳四座的专业报告。

陈老师屡次告诫小智要认真一点，学习不能太偏科，也要与同学共同打扫教室卫生，参与班上的集体活动。小智虽然嘴里没有反驳，却在作文里长篇大论，要求老师给予更多自主学习的空间。

相信很多老师和家长在面对小智这样的孩子时，既欣赏他们的才智和思想，又对他们倔强的脾气很无奈。智多星型的孩子被公认是所有类型当中最特立独行的。他们知道自己具有什么样的聪明才智，而且认为只有在自由独处时，才能发挥自己的优势，身为老师和家长的我们，绝对不能忽略智多星型孩子们最大的需求。

　　他们通常需要大量的时间，进行丰富的想象及新奇的创造，老师和家长必须有耐心地等待，让他们准备好，再进行交流讨论；当然也要为他们提供独立的空间，尊重他们独处的需要。对他们而言，过多的教导或建议也许会阻碍创造能力的发展，所以当大人观察到孩子还在操作或阅读什么东西时，要耐心等候。

　　其次，智多星型的孩子不墨守成规，能触类旁通，喜欢思考又善于组织，通常对复杂的理论充满热情，因此理科的学习经常有优秀的表现。家长或老师们可以从他们的强项来引导，提供多样化的学习资源。至于需要背诵的学科则利用竞赛或深度讨论的方式，引发他们学习基本理论的兴趣并获得预期成果。

教养与沟通秘诀

智多星型｜*INTJ*

　　智多星型（INTJ）的孩子比较以自我为中心，非常固执，不愿倾听或不关心他人的想法，因此要帮助他们学着让自己的内心变得更柔软、有弹性。这个过程可能要花点时间，并记得千万不要以责备的姿态或在情绪激动时跟他们沟通，否则不会收到任何的效果。因为他们很重视专业理论，不畏权威，以家长的姿态来压迫他，只会事倍功半。

　　与他们沟通时，先整理好自己的情绪，表达要理性、坦白、诚实、直接，展现老师和家长的智慧与自信。假如能获得他们的认同，他们就能自觉地努力学习，如此一来，智多星型的孩子就会像神奇宝贝一样被我们收服了。

好奇分析型（INTP）的孩子有偏好分析的特质，他们喜欢单独工作，能够掌握全局，善于思考，虽然不是很善于交际，但是聪明伶俐、言语犀利、能随机应变，所以在同学中也具有一定的影响力。

小禹一下课就往外冲，别怀疑，他要利用这 10 分钟到图书馆看书；在等妈妈来接他的这段时间里，他顺手拿起教室后书架上的植物图鉴，一页一页地翻看。最令人吃惊的是，婚宴上看到一个孩子拿着杂志在阅读，不用猜，那一定是小禹。

他最喜欢读高中的表哥了，因为表哥总会考他一些有趣的问题，"云为什么会是这个形状？""为什么草的旁边会有这种花朵？""叶子和花朵的颜色为什么差这么多？"小禹有时很快就能回答，有时还要翻找资料。他探索新事物时眼睛发亮，兴奋得仿佛看到了书中的宝物。

考试之前，美美请教他有关串联与并联电路的工作原理，小禹从实验过程开始讲解，讲得清楚明白，其他同学听了都不禁围在他身边，请他讲解水生生物等其他问题。

小禹十分擅长科学实验，有同学找他一起做科展，一开始他就因为主题构想问题而与同学意见不合，后来小禹独立参赛，做了几天之后却没有了下文，最后还错过了提交材料的时间。老师焦急地质问他，得到的回应是，没有结果也是一种结果。因为他想开发的"磁流体"玩具，不但很难找到合适的材料，实验过程也颇费周折。老师怎么也说不过他……

小禹对任何事情都充满好奇心，求知欲强，凡事都抱持怀疑的态度去分析，并能提出自己的见解。这类型的孩子比较会想听新的想法，喜欢对事情内在原理进行分析；喜欢讨论抽象性的主题，没耐心听别人描述细节，因此和他说话时要简明扼要，直接讲重点、陈述整体的想法，然后给他们时间去分析和重整信息，思考要如何做才能完成目标。

他们喜欢新奇和变化，随时可以改变方向；能找出快速有效的做事方法，适应力强，但是有时候会抗拒规则和管控；相当独立与自主，时常无法和他人很好地合作。

对他们最好的支持，就是允许他们独立做事。不过，这类型的孩子有时候会在思考中迷失方向，做事经常虎头蛇尾，3分钟热度，无法将想法付诸实践。父母可以鼓励他们将日常生活中突然冒出的想法记录下来，因为深度的思考是需要时间的。

有时候他们会因作业写得不够完整或不够完美就拖延不交，老师和家长就要要求他们先把基本的东西做好，让孩子知道完成永远比完美更重要，如果还想继续改善，可以在提交作业之后，再做一份补充作业，可当作加分项目。

　　好奇分析型的孩子通常跟大人相处比跟小孩相处得好，因为他们常会产生很多异于同龄人的想法，对于自己的观点会据理力争。因此，他们喜欢认真聆听自己想法的大人，经常会提出一些需要思考的问题，并表现出一本正经的幽默感。

教养与沟通秘诀

好奇分析型 | *INTP*

　　称赞他们是一件困难的事，因为他们总是用怀疑的眼光看待大人的称赞，并且只接受在特定范围内的表扬，所以要非常具体地赞赏他们的观点及逻辑，而不能对他们说："你做得这么好，真的是超人。"此外，教导他们学习察言观色、同理别人的感受也不可忽视。

　　好奇分析型的孩子很容易沉浸在自己的思考当中，好像不太会听别人说话，或是不会观察别人的情绪。因此，父母要训练他们多聆听，掌握回应他人的方法。

　　有时候，这些孩子会因自己的优越感而嘲讽他人。例如，他们可能对他人说："你连这个也不懂，真的很不专业。"这样的行为会惹恼同伴和长辈。家长或老师要适时地介入，告诉他们这样做很伤人，引导他们从同理心的角度，来考虑别人的行为。

性格倾向　**内向、直觉、情感、果断**

知心好友型（INFJ）的孩子安静敏锐、正直认真、富有创造力。他们关心朋友、行事果断，没有人比他们更重视家人、朋友，因此往往被视为"保护者"或知心好友。

伊甜最近忙着绘制卡片、包装礼物，因为好友生日快到了，她想给好友一个惊喜。

礼物是时下小朋友最喜欢的"角落小伙伴"娃娃，也是好友的最爱，而卡片就更特别了，画的是一张全家福，里面有爷爷、爸爸和妈妈、姐姐和弟弟，妈妈手上还抱着一个小婴儿。

伊甜说，好友的妈妈最近生了弟弟，住在月子中心，爸爸因为工作的原因，无法照顾家中的老人、小孩，所以这个月她和妹妹去姑姑家住，爷爷暂时寄宿在朋友家。全家人分散四处，已经1个月没见面了，平日都是靠视频和电话联系，今天好不容易全家团圆了，好友很兴奋地跟她分享了这个好消息，所以她画了全家福图，祝福她们一家和乐。

相信任何朋友收到这个别致的生日卡片，一定会感动得热泪盈眶。知心好友型的孩子很愿意花时间观察和了解朋友，能敏锐地觉察别人的感受和动机，容易相处。他们富有同情心又肯迁就别人，会利用和谐又有创意的方法，努力迎合每个朋友的重要需求。

这类型的孩子朋友可能不多，但都是真正感情深厚、能交心的伙伴，他们对于亲密的对话很感兴趣，追求的是情感和思想的自由交流。

然而，知心好友型的孩子认为，要维系情感和谐就要迁就别人而自我牺牲，所以久而久之，他们可能会因付出太多而心力耗竭，产生怨怼之心，这时家长也要适时开导。

教养与沟通秘诀

知心好友型 | *INFJ*

　　知心好友型（INFJ）的孩子在团体中经常是沉默寡言的形象，他们只跟信任的人分享自己的想法和理想。因此和他们接触时，要先建立良好的关系，可以先鼓励他们以书写、绘画的方式，表达自己的所思所想。假如他们愿意交谈，大人务必要用心倾听，努力去理解他们的价值观和人生观，最后用正直、诚实、肯定、赏识、支持的态度与他们沟通，千万不要过度批评或否定，否则会将敏感独特的他吓跑。其次，知心好友型的孩子容易忽视细节，做规划时可能会不切实际，因此在现实生活中常会出错、失误，事发后，很容易龟缩进自己的硬壳，自怨自艾。此时，父母要引导他们看清现实与所规划的蓝图有多远的距离，并陪伴他们甩掉负面情绪，讨论更多的可能性。

　　这类型孩子有丰富的创造力，往往能想出很不寻常、有趣好玩的点子，对于深奥的精神文化也能透视体察，假如没有陷入情绪低潮，应该有能力以开阔的视角来看待自己的失败。因此，家长老师们应多给予信任及陪伴，让他们能在独处中思考、沉淀，相信很快就能恢复最佳的情绪状态。

　梦想家型 | *INFP*

性格倾向	内向、实感、情感、随性

　　梦想家型（INFP）的孩子内心敏感，喜欢阅读，他们能掌握大局，相信自己的价值，忠诚于家人和朋友。他们希望能按照自己的意志，过符合自己价值观的生活。

　　每次看到庭庭，总是安静地在座位上读书、画图，问她为何不去跟同学玩，她会轻声细语地说："有啊。"然后用手指了指旁边的小静，也是一个不爱出声的学生。

　　庭庭并非没有想法，她喜欢动物和奇幻故事，也常写作及创作绘本。以她之前投稿的《拉米的漫游》为例，当主角拉米幻化为一只独角兽时，周围的环境也异化成天外行星，长桌变成大河，两个柜子之间幻化成峡谷；拉米身在其中载沉载浮，遇到了许多千奇百怪的生物。

　　庭庭妈妈说，这个故事是她和表姐玩过家家的剧情主轴，两姐妹一在一起就叽叽喳喳，说一些她们之间的密语，还经常用积木搭一些奇特的东西，在家里玩时，会为了配合她们编的故事情节，移动家具，经常弄得家里乱七八糟，又不收拾。

　　老师觉得庭庭的故事写得很好，但是拖了太久，图稿草草了事，没有完成就交出去，真是太可惜了。虽然没有获奖，老师仍然送给她一本《你很独特》的绘本当作礼物，尽管她在现实生活中没有很强的存在感，但是在幻想世界里却是独一无二的。

梦想家型的孩子经常会在课堂上发呆，除非会严重影响学习，否则不用管他们。因为发呆是他们思考能力发展的重要环节，看起来他们好像在做白日梦，实际上通常是在想一些独特的点子、有创意的事。

其次，梦想型的孩子在描述事件时，常会天马行空、跳跃地思考，有时真会听不懂他们究竟在讲什么。老师和家长在和他们沟通时，务必要耐心地抽丝剥茧，询问事件的来龙去脉，在交代完事情后，请他们重述一遍，并检视是否遗漏了重要的环节。此外，他们能敏锐地觉察别人的情绪与感受，而且很在意别人的看法。他们喜欢和谐的氛围，缺乏和谐的环境会给他们带来极大的压力，因此他们不太喜欢竞争性的游戏。可是另一方面，他们又不喜欢别人告诉他要做什么、不要做什么，如果他们的言语或行为没有被接纳，甚至被批评，他们会因自责而闷闷不乐。若是发现这种情况，老师和家长可以告诉他们："你是个很有想法的孩子，我很欣赏你的某些地方。"然后用心倾听他们的想法，肯定他们的价值和贡献，并以支持的态度与他们沟通，不要过度地批评或否定。

教养与沟通秘诀

梦想家型 | *INFP*

梦想家型（INFP）的孩子在做计划时，都是以做到完美为目标的，但过了几个星期之后，当他们发现自己做的与理想目标差距太远时，就会对自己非常失望。这时父母还是要先尊重他们的想法，让他们依照既定的步调安排自己的时间，然后专注地倾听他们的创意及梦想，给予有重点的教导，并提醒他们别遗漏一些细节，引导他们思考自己的计划是否具有可行性。最重要的当然是允许他们能够自由地设定目标、完成任务，赞赏他们不为人知的努力。

他们很喜欢探索文学故事背后的寓意，也经常会创作一些神秘莫测、不切实际的东西。这些孩子渴望获得赞赏，希望老师和家长看到自己最棒的一面，所以在大庭广众之下展示他们的作品，会使孩子心花怒放。他们喜欢可以发挥想象力的课，例如作文、绘画等课程，而那些一定要遵守纪律的课程，会令他们感到痛苦。如果可以的话，尽量配合他们的步调，多给他们一点时间做准备，避免去控制或用权力逼迫他们。

性格倾向	外向、实感、思考、果断

掌控细节型（ESTJ）的孩子善于交友、务实细心、能力突出、逻辑清楚、执行力强，并且具有很强的自尊心，是天生的领导者，在学校里常会成为班级干部，或是老师和家长的小帮手。

珊珊从小学 1 年级到 6 年级都当班长，成绩好、人缘佳，在竞选校模范生的时候，所有过去跟她同班的同学都帮她拉选票，最后以压倒性的票数当选校模范生。这次她和其他 3 位同学代表学校参加科技展。她们的主题是研究太阳能板的功率问题，起初每位同学都会提出自己的意见，逐渐地，珊珊成了小组的领袖，所有人都听她的。她规定大家每天放学后要留校到 7 点，有人要上才艺班也被拒，非得请假不可。实验材料的准备和具体操作，谁负主责、谁当助手，都是由珊珊一手分配。她设置了获得比赛第一的目标，所以每个细节都不能放过。珊珊搞得大家都很忙，而她自己也没有闲着，又做观察又写报告，还要跟指导老师讨论，别看她忙碌至极，她却开心不已。

比赛前一个星期，珊珊拿出了一份计划表，她鼓励大家停止所有的休闲活动，全心投入准备工作，她说："每天能准备到 9 点应该就可以了。"当珊珊认真地做规划时，其他成员满脸苦涩地看着她……

老师常说，珊珊管起同学有模有样，比老师还严格，这就是掌控细节型孩子。通常他们做事积极、遵守纪律、追求效率、实事求是，因此常常成为团体中的领导人物。

然而，正因为他们有很强的掌控欲和决策力，常会从自己单一的角度来思考，而未能掌握全局，或忽略他人的意见。他们讲话过于直白，不顾及（或不重视）他人情感，而且个性急躁、脾气不好、作风强势，非常容易与人发生争执。

老师和家长必须正视这类型孩子过于积极的性格，帮他们调整太过渴望成功的心态。如果有机会，就建议他们参加各种团体运动，多参加一些竞技性的比赛，如足球赛、篮球赛等。其次，老师和家长要多观察他们在团体活动中的表现，如果发现孩子试图操控他人，就要及时制止，并引导孩子观察自己的说话方式与做事方法，让孩子在实践中提升自己的情商。

教养与沟通秘诀

掌控细节型 | *ESTJ*

掌控细节型（ESTJ）的孩子，在做事时需要有人为他们提供标准的程序和明确的界限，而且容易固执己见，难以接受突如其来的改变。

家长和老师们在和这类型的孩子沟通时，要详细地指出评判标准、目标和操作步骤，告诉他们只要做到什么程度就可以，不要对他们说一些抽象隐晦的语句，更不要以强迫的方式让孩子必须按照某种方式做事。否则他们无法理解大人们的想法，就会自己预设一个"最好"的目标，并按着自己的方式去完成。如此一来，对于孩子的社会化发展，并没有太多的帮助。

性格倾向　外向、实感、思考、随性

　　开心果型（ESTP）的孩子通常很乐观热情、平易近人，喜欢享受物质生活与自然环境中的种种乐趣，他们能将无聊的例行公事变得刺激，把琐碎的工作变成百玩不厌的游戏，喜欢出于即兴创新又不按牌理出牌的刺激。

　　小杰是李老师班上的开心果，常会幽默地应和老师，让平淡无奇的课堂变得妙趣横生。例如，老师在教《湖滨散记》时，小杰突然站起来摇头晃脑地说："在湖边烤鱿鱼，味道香喷喷的，大家好高兴，小杰的湖滨诗句。"全班看他学樱桃小丸子的爷爷，在作些无厘头的诗歌，都笑翻了。

　　有时候，小杰也会自以为幽默，乱开同学的玩笑，说别的同学头发像鸟巢，长得像小白猪，等等。李老师听到这些嘲笑和冒犯他人的话时，都会立刻制止，并告诉他这样做别人可能会受到伤害，但他还是管不住自己的嘴，乐此不疲。

　　这天小杰过生日，和朋友相约放学后要好好庆祝一下，大家拿起刮胡泡互相涂抹，弄得全身白茫茫一片。小杰看到后更嗨了，把装了水的气球丢向同学，大家在教室里你追我跑，闹得不可开交。突然"砰"的一声，接着一阵哀号，原来是小杰滑倒后撞到右手，同学赶快报告老师，将他送去医务室，小杰哭得一把鼻涕一把眼泪，临走前还不忘用左手把桌上的蛋糕砸在地上泄愤……

开心果型的孩子精力充沛、多才多艺，他们会创造教室里的笑声及欢呼声，浮夸的举动通常很受同龄人欢迎，但有时真的太过好动，控制不了自己的行为。

他们喜欢在课堂上吸引老师的注意，常举手发言，有时会故意炫技，其行为可能严重地扰乱课堂秩序。而且他们比较散漫，常会忽视规则，先做再说，有时候看起来非常叛逆。老师和家长在面对这类型的孩子时，可以先正面表扬他，满足他想要获得关注的欲望，然后再告诉他应该怎样做。

此外，鼓励他们参与各种小竞赛能够帮助他们培养同理心。因为，比起个人活动，他们更喜欢团队竞赛，而且在团体中，同伴关系是牵制他们行为的重要力量。老师还可以在课堂上安排拼字游戏、闯关比赛，激发他们热爱挑战与冒险的特质，将他们拉回学习的主轴。

教养与沟通秘诀

开心果型 | *ESTP*

开心果型（ESTP）的孩子，有时可能会直接质问老师或家长，说一些不太礼貌的话。此时，父母要明白，他们只是要借助这种方式获得刺激感，因此不要把他喜欢提问的行为和评论他人的方式，当成是对老师和家长的挑战，不要愤怒也不要嘲讽他们，可以温和而坚定地和他们沟通，用词要简洁、明确且具体，不要模棱两可，让他们学到理性的沟通方式。

此外，他们喜欢和朋友一起游戏玩闹，继而互开玩笑。有时玩笑开得越来越过分，甚至可能变成校园霸凌事件。这时老师和家长应该立即予以制止，让他们知道这已经越界了，然后再跟孩子讨论什么是好玩的笑话，什么是伤人的坏话，让孩子明白"开玩笑"与"取笑、嘲笑"有什么不同。只有当孩子明白两者的分别，才不会造成同学之间的冲突。

热心奉献型 | *ESFJ*

性格倾向 外向、实感、情感、果断

热心奉献型（ESFJ）的孩子活泼外向、务实细心，具有热情善良的天性。他们往往端庄有礼、喜好交友，因此在团体中很受欢迎。此外，他们擅长做计划，做起事来有条有理，是很可靠的人。再加上他们非常关心身边的人，总是把最好的献给别人，对朋友和家人非常慷慨，以他人之乐为乐，所以他们可能会成为家里的小管家，能够体贴地照顾家里的每一个人，或是被团体评选为服务楷模。

韦韦敬爱师长，遵守校规，很乐于关心别人，一到学校总是笑容满面地和同学嘘寒问暖，看见拄着拐杖的小金来了，她会立刻帮忙接过书包，调整座位，中午用餐时，也主动帮助小金，让小金的爸妈感动万分。

最近大家都发现，韦韦的右腕上多了一条五彩缤纷的绳结手环，一问，才知道是好友送她的生日礼物。她兴奋地说，几个好姐妹都有，款式一样，颜色不同，串饰上还有代表友情无限的符号，很有意义。因为太爱交朋友，有几次在课堂上，不自觉地就跟好友聊了起来，老师屡劝不听，只好将这件事写在联络簿上。妈妈看了之后，觉得韦韦被伙伴带坏了，韦韦嘴上没说什么，心里觉得妈妈真的太不讲道理了……

热心奉献型的孩子重视传统伦理，热衷于参加节庆活动，然而，这些孩子过于热心，一直帮别人做事，很享受团体活动，以至于无法安静下来独自学习。

老师和家长该如何引导他们呢？首先，不仅不能限制他们参与各种活动，反而要发挥他们善于社交、热心助人的优势，为他们提供发挥优势的舞台；其次，清楚而具体地告诉孩子在课堂上应该怎样做，让孩子心里有明确的行为规范；最后，尽可能给予积极的鼓励与反馈，并在适当的时机，让孩子分享他们参与活动的心得。

关于学业方面，热心奉献型的孩子也常因为参与太多的课外活动而耽误学业。老师们一定要关注他们的学习成绩。他们有责任感，希望自己做事有成效，如果没人关心，他们就会觉得自己在学习上的努力得不到反馈，于是逐渐会对学习失去兴趣。

另外，要跟他们讨论学业和社团的问题，利用他们乐于关心别人的特质，告诉他们如果他们帮助别的同学做太多事情，别的同学就没有机会从活动中学习，也因而无法像他们一样有所收获，所以为了大家的权益，只要做自己该做的那部分就好。

教养与沟通秘诀

热心奉献型 | *ESFJ*

同伴关系对他们而言非常重要，他们有时会忽略朋友的缺点或错误。例如，好友在课堂上说话、吵闹，他们会为了朋友而跟着起哄。如果老师处罚好友，他们也会为了朋友而反抗老师。

所以，老师最好在下课后与他们单独谈话。这些孩子很努力地想和别人建立良好关系，因此对别人的批评或漠视相当敏感。老师和家长在与他们沟通时，也要先与他们建立良好的关系，跟他们讨论事情时，要以鼓励和积极的态度来表达。遇到比较复杂的事情，要用具体的案例来说明问题，不要用抽象、隐喻的语言和他们讨论。

最重要的是，热心奉献型的孩子必须学习适度地拒绝别人的请求，以便能有更多的时间做好自己的事。

12　自我表现型 | *ESFP*

> **性格倾向**　外向、实感、情感、随性

自我表现型（ESFP）的孩子每天都美滋滋的，总是能在生活中找到欢乐的泉源，他们喜欢和人接触，通常也都很受人欢迎。此外，他们对细节有很强的记忆力，对事物也有良好的观察力，因此能敏锐地感知周遭事物的变化及他人的想法和情绪。

运动会当天，莉莉参加了 5 项比赛及表演。首先是女子艺术体操表演，只见莉莉身穿紫红色的体操服，伴随着音乐，像花蝴蝶般翩翩起舞，呈现力与美的完美融合，获得了满场的掌声。

接下来，她立刻换上苏格兰裙，带领鼓笛队进场。结束之后，100 米决赛就开始检录了，跑完之后，还有班级接力赛和女子 400 米接力赛……只见妈妈带着一堆衣服，爸爸扛着摄影机，跟着她在主席台、大操场、表演台……几个地方跑来跑去，其他家长赞叹莉莉多才多艺，体力过人，妈妈听了非常开心。

妈妈回忆莉莉刚进小学时，老师说她活泼外向、温暖体贴，喜欢跟其他同学谈天说地。但是她在教室里坐不住，写作业也不耐烦，老师讲课时，莉莉总是跟同学你一言我一语，或和邻桌同学玩闹。老师告诫多次，她仍无法改善。

妈妈觉得莉莉并非不守规矩，她其实非常温顺平和，只是精

力旺盛、太爱讲话，并不是故意叛逆。相反，她只是想要取悦别人，获得关注而已。所以妈妈决定让她参加许多课外活动，包括体操、田径、鼓队等，为她提供表演舞台，莉莉果然十分开心，非常喜欢社团活动，也交了很多朋友，现在每天都很快乐地去上学……

莉莉具有自我表现型（ESFP）的特质。这类孩子通常喜欢社交生活和体验新事物。对于实践性较强的科目，例如音乐、美术、体育、实验等，都非常热衷，但是理论性太强的课程就不是他们的强项了。

假如这些孩子想参与活动的热情一直被压抑，被要求乖乖坐着听讲，会让他们产生厌学心理，将来可能会引发其他的不良行为。因此，若孩子很难坐得住，可以尝试在上课前，给他们留几分钟的表演时间，随他们做什么都可以，也可以让他们邀请朋友一起上台，这样做能帮助孩子在课堂上维持良好的注意力。

其次，针对孩子不太适应理论课程的问题，老师和家长可以安排一些有趣的团体任务，鼓励孩子和其他伙伴一起完成。而在任务进行之前，老师和家长必须将规则及奖励办法详细地告诉他们，最好能提供示范，让他们有例可循。

例如，在数学课上，他们喜欢操弄计算机、三角板、圆规等工具，就让他们上讲台演练；英文课上，他们喜欢表演课本剧，就为他们提供一个表演的空间；科学课上，他们喜欢做实验，就多安排实验环节，让他们有更多动手操作的机会。

总而言之，自我表现型的孩子需要更多的感官刺激和人际互动，假如能允许他们参与更多的团体活动，让他们享受舞台的聚光灯，学校就会变成最受他们欢迎的场所。

教养与沟通秘诀

自我表现型 | *ESFP*

　　自我表现型（ESFP）的孩子通常很受欢迎，家长可以鼓励他们和朋友一起参加各项竞赛、才艺表演等，他们会很享受登上舞台、众所瞩目的感觉。此外，闲暇之余，做志愿者、参加户外活动，对这类精力充沛的孩子的成长也很有帮助。

　　自我表现型的孩子有时会想取悦别人，也容易受到同伴的影响，他们常会和朋友一起赶时髦，穿一样的服饰，同进同出；有时会和朋友一起违反校规，让老师颇为头疼。所以，让孩子能够分辨朋友做的事是否正确也很重要，他们必须明白，不能盲目跟随朋友的步伐，要有主见、有原则。

13 天生领导型 | *ENTJ*

| 性格倾向 | 外向、直觉、思考、果断 |

天生领导型（ENTJ）的孩子拥有外向活泼、创新能力强和坚定果断的特质，很容易在团体中成为领导者。他们是天生的行动派，能迅速在脑中形成理论和概念，把想法变成计划，去实现自己的目标。

芋芋从小喜欢讲话，在幼儿园时就会利用下课时间讲故事给其他小朋友听，有时会自编情节，深受同伴的欢迎。进入小学之后，芋芋就以自己画的一幅"水族馆里的小丑鱼"艳惊四座，在美术竞赛中获奖。于是妈妈为她报了绘画班，希望她以后能朝着专业美术的道路发展。此外，芋芋乐感也很棒，在学校又被选为英文歌合唱队指挥，除了早上及中午要排练之外，放学后还要带领同学讨论服装和道具；而语文演讲比赛她当然也不能缺席，她的声音活泼有力，表情生动有趣，师生一致推选她报名参加。

于是，妈妈开始烦恼了，一个小孩子参加这么多活动，会不会太累啊？光是跑来跑去就要花很多时间了吧？芋芋想了想，说其实也还好，美术班是在假日，英文合唱比赛先开始，结束之后就可以利用中午的时间练习演讲，现在只要晚上稍微晚睡一会儿，背背演讲稿就好了。妈妈看她那么有想法、有主见，而且已经做好规划，就放下心了。

天生领导型的孩子独立自主、积极进取，有强烈的求知欲，乐于解决复杂的问题，擅长运用直觉去构思和提出新的见解。

这类型的孩子绝对有能力和大人进行深度对话，他们往往能够从日常小事中看到广阔深远的意义，喜欢挑战既定的思维模式，进行批判性思考。所以大人们在和他们沟通时，首先要积极聆听他们的想法，不论孩子提出什么观点，先予以尊重、理解，并以同理心相待。其次，在回应时，要使用明确的、逻辑性较强的语句，如果可以的话，最好能展现出您的专业与博学，阐述您的想法，然后让他们自己思索，并且得出结论。这样一来，孩子会对长辈充满崇敬之情，更愿意与您接触。

另外，这类型的孩子虽然精力充沛，学习很努力，但自行安排的日程却经常过于紧凑，强度远超出正常的童年生活。他们有时候也会觉得自己太过忙碌，却难以有弹性地改变计划。家长在指导此类孩子做日程表时，不妨让他们预留一些空闲的时间。例如，让他们把吃点心的时间、看动画片的时间也算进去，在一个学期结束后，过一段"慢生活"，适时放松，以待重新出发。

教养与沟通秘诀

天生领导型 | *ENTJ*

天生领导型（ENTJ）的孩子，会为了学习付出很多，有时不免会预期自己有"超人"的表现。假如成绩不错，当然就很有自信，但要是成绩不如预期，就会产生自我怀疑。由于这些孩子过于理性果断，他们通常只善于解决具体的问题，一旦遭受挫折，往往会不知所措。

挫折教育对他们来说非常重要，这些孩子需要培养同理心，学习觉察别人的感受，避免说话过于尖锐、伤人。老师与家长必须放下刻板印象，陪伴他们一起检视"超人"的自我期望，帮助他们自我探索，让他们明白，唯有接纳自己的盲点和局限性，才能真正享受到生活的乐趣，并且在学习中获得最佳成绩。

14 创新分析型｜*ENTP*

创新分析型（ENTP）的孩子活泼、好奇、勇敢、热情、机智、聪明、应变能力强，但也善变。他们喜欢分析各方面的问题，是深刻的思想家，富有创意也相当健谈。

融融喜欢动态而具挑战性的课程，例如上英语课时，他最爱戏剧表演、新闻播报、卡通配音、实时翻译，假如课程节奏比较缓慢，他就显得很没精神。

之前，他和朋友组队参加小记者营，必须在街头采访外国朋友，调查他们喜欢的美食，只见融融神采飞扬、兴致勃勃，用半生不熟的英语和陌生人比手画脚，竟也完成了一个多小时的录音采访，并结交了不少志同道合的朋友，其中一位还是知名的股市分析师，融融兴奋地和他分享之前看过的《滚雪球：巴菲特的财富人生》，连营队指导老师都感到惊奇。

可惜融融之后又参加了美术营，没有完成1000字的采访稿。

创新分析型的孩子聪明好学且足智多谋，他们喜欢节奏明快且丰富多变的环境，所以常会觉得一般的教材太过简单无趣，因而不喜欢上课。老师和家长可以给这些孩子找更难的教材，并鼓励他们做独立研究、提出创新计划、自行解决困难问题。当然，他们在自主学习之余，也需要有一些规范来约束他们，老师和家长可以和他们讨论，规定基本的作业和考试所占总评的比例是多少，自己进行创意研究所占比例是多少，让孩子遵守个别化的学习计划，而不是漫无目的、随兴而为。

这类型的孩子会钻研大人的书，常被认为比较早熟，他们学习知识不喜欢死记硬背，而是想要理解其中的道理，即使是一定要背的科目，如历史，也想找出每个时代社会背景的影响。老师和家长可以鼓励他们和同学讨论，创造新奇的口诀或用梳理知识点的方法来加强记忆。因为他们具有外向性的特质，所以很喜欢和同学一起讨论。

创新分析型的孩子做事经常虎头蛇尾，刚开始十分投入，却边做边玩，完成度不高。因此，对于重要的事情，例如考试报名、作业报告等，一定要督促他们仔细计划并努力做完，否则就会错失许多成功的机会。

教养与沟通秘诀

创新分析型 | *ENTP*

创新分析型（ENTP）的孩子觉得对某一理论进行深入思考与分析非常有趣，但若要将理论付诸实践，他们便不再感兴趣。他们有着强烈的好奇心，看到了太多的可能性，想要一一探索，因此很难专注在一个课题上，完成任务会有困难。

倾听他们诉说梦想，欣赏他们新奇的创意之余，家长要允许他们自由设定目标，独立自主地完成任务。有时孩子的目标太过远大，不切实际，这时可以跟孩子讨论分析风险的技巧，提醒他们判断自己的想法在现实层面是否可行，以及可能会遗漏的细节。

当然，一定要赞赏他们在思考过程中付出的努力，假如事情没有如预期完成，也必须针对事情本身来检视讨论，避免直接批评他们的个性，同时也避免试图去控制或用权力逼迫他们。这类孩子很难心甘情愿地遵守传统观念的规定，如果家长和老师的态度太过强硬，他们就会对大人产生防卫心，隐藏一些负面情绪，不想再跟大人分享。

15

心灵导师型｜*ENFJ*

性格倾向 外向、直觉、情感、果断

心灵导师型（ENFJ）的孩子通常都具有热情友爱、乐于助人的特质，他们喜欢用隐喻来支持、鼓励及启发别人，并且善于观察人，能觉察他人内心的情感。同理，他们对别人的批评也非常敏感，重视人际关系的和谐，愿意花时间和别人建立密切的关系，希望与他人分享自己的理想，若是获得鼓舞、肯定，他们做起事来会更起劲、更有信心。

妍妍的妈妈很喜欢分享女儿的趣事。她说妍妍是个万人迷，若带她去美容院，她一定有礼貌地称阿姨、道姐姐，夸赞这位姐姐皮肤好，说那个阿姨气色佳，说得大家心花怒放，巴不得把糖果饼干都塞在她的樱桃小口里。

小姑娘也不是随意奉承，她真的知道 Rose 姐姐喜欢健身，所以身材最好，Joy 姐姐擅长美甲，很会设计……大家都夸她有一颗七巧玲珑心。妍妍对服饰搭配特别有一套，自称要当服装设计师，在家就常会指点妹妹如何穿着打扮。有一次她看到杂志上的图片，就指点 Rose 姐姐将身上的配件做些调整，"那样穿搭比林志玲还漂亮"，姐姐被逗乐了，就按照她的意思随便弄弄，没想到竟然艳惊四座，从此妍妍被封为"香奈儿"，即使很久没见，

阿姨、姐姐们还不时会提起她。

从这件小事可以看出，妍妍很快就能和别人相处得很好，并且善于观察，能说出各种新鲜的观点，具有心灵导师型特质。

这类孩子善于交际，常是朋友和家人的强力支持者；在学校，他们喜欢参与团体活动，会帮助同伴，努力维护团体的和谐氛围，常会成为学校里的"小老师"。但正是因为他们太重视人际关系，所以常会耽误自己的事。例如，明知道有许多作业要做，朋友又邀约去聚会，该怎么办呢？有些孩子会选择赴约，作业就会拖到很晚才写，甚至无法按时完成。这时，多重压力可能会使他陷入自我厌恶的情绪当中。有些孩子则是练就了同时做很多事的"真功夫"，家长和老师们发现这类情况后，首先需要同理孩子的情绪，给予温暖的关怀，其次要适时引导孩子做好时间管理，假如最终还是因为交朋友而耽误正事，就要让他为自己的选择负责。

另外，这类型的孩子遇到挫折时，大人们可以引导他们从其他角度来看事情，因为这类孩子善于洞悉别人的想法，并且有能力探究事情背后的寓意，所以只要激发他们的想象力，让他们多思考，困难就可能迎刃而解。

教养与沟通秘诀

心灵导师型 | *ENFJ*

心灵导师型（ENFJ）的孩子想象力丰富，但由于过于在意家人或朋友的情绪，所以经常会卷入别人的情绪风暴中难以自拔。例如当父母吵架或同学间闹矛盾时，他们往往会下意识地介入调停，有时在处理人际关系时会过于情绪化。这时，家长或老师务必要让孩子离开"战场"，冷静下来，不需要给他们任何建议，只要提供一个开放的环境，鼓励他们将自己的情绪及感受清晰地表达出来即可。通过亲密的沟通，孩子就可以恢复精力，并从中得到启发。

16 乐天派型｜*ENFP*

性格倾向 外向、直觉、情感、随性

乐天派型（ENFP）的孩子顽皮又有活力，乐于和朋友为伴，他们会在日常生活中寻找趣味，追求自由。他们通常具有良好的口语表达及沟通能力，有创意并且善于把握全局，积极乐观、善于交际，所以在团体中很受欢迎。

妈妈常说，小欣是个野丫头，常常呼朋引伴，四处游玩。有时在家里办生日会，蹦蹦跳跳、吵吵闹闹，搞得邻居都来抗议；有时和朋友去逛街，虽然只是闲逛，但也觉得很开心。

在同学眼里，小欣是个幽默感十足的人。在一次阶段考试前，她在笔记本上写道："复习完了，大脑细胞也全完了！""头脑吃得太饱了，现在容量严重不足。""复习比考试还难，救命啊！"老师也一本正经地用红笔写下"加油""再坚持一下""快结束了"，爸妈签字时都忍不住笑了出来。

小欣具有乐天派型的特征。这类孩子迷人热情、善于交际，能够跟老师和同学友好相处。当身边围绕着朋友和家人时，他们就会非常开心。他们通常亲切和善、情感丰富、善解人意、乐于助人，所以常会成为团体的中心人物。然而，由于他们想要和所

有的人友善交好，甚至会讨好别人，所以很容易把过多的精力放在交际活动上，导致在其他方面力不从心。

在跟这类型孩子沟通时，首先要多使用温和、不带批判性的话语，肯定他对家庭、集体的贡献和他的能力；其次，引导他们先停下来，去想想"现在遇到了什么问题？""可以（只能）做什么事？"，让他们学会理性地思考，不要过于沉浸在与朋友的感情当中。如果孩子还是很难做到，可以鼓励他和跟自己性格不同的孩子交朋友，这样能够在一定程度上培养孩子的同理心，提升体察情感、控制情感的能力。

乐天派型的孩子还有一个独特的天赋，就是能把普通的事件变得很不一样，例如老师讲到手舞足蹈这个成语时，他们可能突然就站起来做出手舞足蹈的动作。他们有丰富的想象力及觉察力，会看到别人没有看到的问题，所以能想出很不一样的点子。然而，这些孩子常会依照自己的想法去做一些有趣的事，很少关心规则，也不会考虑自己的想法是否现实。他们想要无拘无束的生活，不喜欢做别人要求他们做的事。父母和老师除了要鼓励他们做自己喜欢的事，还可以带领他们一起做比较乏味枯燥的事，这样能够帮助孩子锻炼毅力。此外，在团体合作中，引导他们观察他人的行动、强调目标及规则的重要性也是十分必要的，否则，乐天派型的孩子经常会天马行空或执意按照自己的想法做事。他们通常很喜欢表演，让他们多参加戏剧表演活动，他们会非常开心，在其他时间也会更愿意和家长、老师合作。

教养与沟通秘诀

乐天派型 | *ENFP*

乐天派型（ENFP）的孩子有强烈的好奇心，这使他们对各个领域都很感兴趣，容易坐不住且爱讲话。他们通常时间观念不强，对于计划、规范及琐碎的事物不太关心，喜欢同时做好几件事，最终往往把自己逼得焦头烂额。

因此，父母要帮孩子建立"一次一事"的观念，尽可能排除环境中妨碍孩子完成任务的干扰因素，监督孩子在一个任务完成之后，再做下一个任务。

另外，父母要注意他们的回应，通常他们回答"懂了"，可能只懂了大致的概念。这时，可以让他们复述一遍，再询问一些细节、步骤，来观察他们是否真的懂了。

欣赏孩子与生俱来的优势性格

　　孩子和父母的性格类型可能会不同，彼此之间都有一些"盲点"（潜力性格）。所以，在养育一个和自己性格类型不同的孩子时，父母必须多去寻找孩子的优点和他拥有的天赋，根据孩子的性格特征来引导，并且允许他做自己，进而帮助他好好发展优势。但这绝对不是一味地去迎合孩子，否则会导致亲子关系失去平衡。

　　当父母和孩子的性格倾向相同时，通常比较容易沟通，彼此会产生更加紧密的联结，也更容易相互理解。这时，孩子就像一面镜子，会照出父母过去的习惯，因此父母自身的不足之处也可能出现在孩子身上。此时父母必须先学会接纳自己，才能慢慢地引导孩子发展他的潜力性格。

　　总之，孩子应该有自己的天地，需要有自己发展的空间。当父母能够理解自己与孩子因性格相对立，而形成完全不同的行为模式与生活态度之后，除了培养孩子应有的规矩、礼貌与生活态度外，更重要的是，要去欣赏孩子与生俱来的优势性格，陪伴孩子成长，教导他们如何才能过上快乐的生活，并与人建立良好的人际关系。

Part 4

父母如何跟孩子建立亲密关系

我们常会听到父母这样抱怨："怎么跟孩子讲，他都无法改变。"这些家长在屡次说教无果后，感到心力交瘁。家里若有两个孩子，有些家长会觉得，跟老大沟通明明很顺畅，跟老二沟通就很困难。以上这些亲子之间的冲突、不信任和误解，究其原因，主要是父母和孩子性格倾向不同所导致的。

······················

倾听亲子交流的声音

从本书的 Part 1 和 Part 2 中，我们了解到 4 个方面的性格类型：外向型（E）或内向型（I），关注的是我们和环境的互动方式；实感型（S）或直觉型（N），关注的是在我们学习时，如何接收信息与表达观点；思考型（T）或情感型（F），关注的是我们在做决定时，最关键的依据是什么；果断型（J）还是随性型（P），区分我们的生活态度和做事方式，如下表所示。

分类指标	类型	
注意力用在哪里？和环境的互动方式是什么？	**外向型** （E，Extraversion） 专注于外在环境，从外在活动中获得动力。	**内向型** （I，Introversion） 专注于内心世界，从内心反思中获得动力。
使用什么方法来学习、感觉？	**实感型** （S，Sensing） 注重感官的实际体验、重视细节。	**直觉型** （I，Intuition） 重视直觉推测、想象、模拟，更关注整体概念。
如何做决定？	**思考型** （T，Thinking） 重视公平合理、标准和原则。	**情感型** （F，Feeling） 重视和谐友爱、以人为本。

分类指标	类型	
喜欢什么样的生活风格？	**果断型** （J，Judging） 有目标导向、井然有序，希望凡事能提早完成。	**随性型** （P，Perceiving） 顺其自然、抱持弹性，做事总赶在最后一刻完成。

　　有效教养的钥匙其实掌握在父母手中，假如父母能了解自己和孩子的个性差异，在教导孩子时，就能掌握有效的方法，用孩子能听懂的方式来和孩子互动，也不会误会孩子的某些行为，对孩子进行过分的批评，以致在无意间伤害孩子的自尊心。

　　此外，一些父母过于重视孩子的一言一行，以至于成为全天候掌控孩子的"直升机父母"。假如他们能够充分了解孩子的性格类型，就能把握好教养的尺度，不会如此紧张焦虑，而能收放自如了。

　　事实上，想要改变任何一个习惯都不是件容易的事，性格类型理论指导我们要因势利导，而不是改变孩子，只有这样，才能创造双赢的亲子关系。

1

内向型（I）和外向型（E）

——北极与南极

内向型（I）的孩子和外向型（E）的孩子，在与外在世界的人、事、物互动时，会因为个性的差异而展现出不同的面貌，因此他们在与人沟通上也有很大的差异。

外向型的孩子精力充沛，很喜欢与别人互动，喜欢热烈而广泛地谈论自己的想法，适合团体学习。而内向型的孩子则比较注重自省，喜欢待在安静的环境中，与个别人的深入谈话会让他们感到舒服，喜欢一步一步地在内心建构想法。在与孩子交谈时，只有用符合他们习惯的模式，才能收获良好的效果。

亲子沟通重点

关于"沟通"这件事，外向型和内向型的孩子天生就有不同的想法，对他人的话语也有着不同风格的诠释。基本上，外向型的孩子是标准地"为说话而说话"，他们只是想找人听他讲，所以想到什么就会说什么，百无禁忌，让别人马上能知道他在想什么，有问题也会立刻提出来，绝对不会隐藏。

而内向型的孩子说话的目的是"跟对方交流"，所以在回答别人的提问之前会考虑得比较周全，包括人、事、物等各个方面，因此需要花时间来想一想，并评估消化，才能小心谨慎地说出来，否则宁愿把想法放在心里。

因此，老师和家长在面对外向型的孩子时，可以比较轻松地听他讲话，点头微笑，鼓励即可，有什么问题也可以当面提出来，有时他们喜欢说异想天开的话语，假如无伤大雅就一笑置之，不需当真。而和内向型的孩子交谈时，最好可以在一个不受打扰的私密空间进行，让孩子慢慢说、慢慢想，别担心孩子沉默，更不要自己一直说个不停或催促他做决定，等他准备好之后，就会给予回应。

内向型（I）的父母
外向型（E）的孩子

内向型（I）的父母犹如北极，外向型（E）的孩子就像南极，经常会因个性不同而产生误会，所以在沟通或相处上，以下几点是特别需要注意的。

内向型的父母喜欢享受静谧的时光，而外向型的孩子则活泼好动，喜欢热闹。因此内向型的父母经常会觉得自己精力不足，假日无法带孩子到处去玩，又不放心让孩子跟朋友独自出游。内向型的父母常会觉得外向型的孩子话多、静不下来，时常觉得孩子很吵，可能会把父母逼到极限而发脾气。内向型的父母有时候会批评外向型的孩子："回家之后还和同学打一两个小时的电话，到底在聊些什么呢？""朋友太多，常常往外跑，太耽误学习了。"

另外，内向型的父母也很少去参加孩子的学校活动。所以外向型的孩子常常会认为内向型的父母太过专注于自己的内心世界，亲子关系不够亲密。

其实，内向型的父母有时也会感到困惑，假如顺应自己的本性，沉默安静，宁静独处，可能会让外向的孩子感到被忽视或不被关心，但是当孩子成年之后，他们也会感谢父母给了他们更多自由的空间，让他们保有自己的隐私，这对培养他们的独立性有很大帮助。

在亲子关系中，如何把控亲密和独立的程度，是内向型的父母需要仔细考虑的问题。

外向型（E）的父母
内向型（I）的孩子

外向型（E）的父母可能会担心内向型（I）的孩子每天都宅在家里，躲在自己的房间不出门，没有兴趣参加团体或小组活动，没有什么朋友。

外向型的父母会过于热心地帮孩子安排许多活动，让内向型的孩子觉得被干涉得太多、太过侵犯他们的隐私，不尊重他们的独处需求。所以外向型的父母要学习自我节制，不要像直升机似的，不断盘旋在孩子的上空。

简单来说，外向型的孩子需要交朋友，父母可以帮他们安排课外活动。但是对内向的孩子而言，拥有少数几个可以交心的好友，做自己喜欢的事情，听听音乐等，就已经是很好的课外活动了。父母在帮他们安排休闲活动或是报才艺班时，要尊重孩子的想法，让他们自己选择，并留给孩子充足的独处时间。

擅长用"说话"来沟通还是用"文字"来沟通？

或许父母会觉得，家里有两个孩子，大的孩子学钢琴，小的孩子没让他学好像过意不去。事实上，如果两个孩子的性格类型不同，与孩子商量，让他们各取所需，灵活安排，那才是最恰当的做法。

此外，要教导外向型的孩子，说话时要做到"停、听、说"，要留时间给别人说。尤其是在别人说话时不要打岔。比如，有的外向型的孩子就是典型的"人来疯"，当家长与其他人讲话时，他们就会过来打岔，这时家长就要教导孩子，要学会"等待"。

对于内向型的孩子，要鼓励他多表达，把心里的话讲出来。父母经常会觉得内向型的孩子不够大方、扭扭捏捏，但不要斥责或强迫他，否则他会更退缩。对内向型的人来说，时刻处在必须与人互动的空间里有很大压力。他们不像外向型的人，天生就是社交好手，他们需要安静、独处的时间来恢复自己的精力。

不过，爸爸妈妈们别气馁，内向型的孩子有他们的优势，他们有很强的专注力，学东西也比较有耐心，一项才艺学精了，才会想再学其他的。而外向型的孩子兴趣广泛，有时候会流于样样通，却样样松。

另外，外向型的孩子经常想到什么就说出来，有时候会口无遮拦。例如他们随口说考试那天要逃学去海边玩，这真的会让内向型的父母很紧张。假如了解孩子的个性，父母不必马上做出反应，以免立即发生亲子冲突。父母可以询问他想表达的究竟是什么，或是等孩子自己说出来。因为，这类孩子说出的大部分事情，都是他们未经考虑的，雷声大、雨点小，并不会真的那么做。

虽然外向型的孩子平常爱说话、喜欢热闹，但他们也有需要待在安静环境的时候，当孩子表示希望独处时，一定要尊重他，而不是取笑他"你自己刚才还不是很吵"，否则孩子很容易大发脾气。

而要求内向型孩子回答父母的问话前，要给他们足够的思考时间，不要急着逼迫他们马上回答。有时候父母关心地问："你在做什么啊？挺好玩的！"内向型的孩子会觉得父母明知故问，想试探他的隐私。外向型的父母常常无法理解孩子真正的需求，因而亲子之间会产生许多误会，甚至结下心结。

父母可以跟内向型的孩子这么说："你回到家，只要跟爸妈打个招呼，我们就不会再找你问话，你就可以回到自己的房间去了。不论什么时候，大人问你话时，一定要回答一声。"与孩子达成这样简单的协议，孩子不会觉得被侵犯，也能够明白父母对他们的关心，父母也不会觉得受到孩子的冷落。

最后必须注意的是，外向型的孩子擅长用"说话"来沟通，内向型的孩子喜欢用"文字"来沟通，因为他们在回答问话前想要深入思索。而一般人习以为常的沟通方式是"说话"，这对内向型的孩子是不利的。下次假如碰到问话不回答的孩子，先试着冷静下来，然后给他写封信、留个字条，也许他就会用回信或留字条的方式表达自己的想法了。

2

实感型（S）或直觉型（N）
——地球人与外星人

听卢广仲的《鱼仔》这首歌，歌词中写着："打开了窗户突然想起，你在的世界，会不会很靠近水星……"有些孩子可能会问，水星在哪里？距离地球有多远？有些孩子可能会觉得用水星来做隐喻很有趣……这些不同的反应，跟每个人的性格类型有关。前者属于实感型（S），后者是直觉型（N）。简单来说，实感型的人活在具体的、现实的世界中，而直觉型的人则好像活在外星球上。

亲子沟通重点

实感型（S）的孩子喜欢听具体、实际、明确的语言，希望能了解事情的所有细节，有时无法听懂隐喻或抽象的言语。直觉型（N）的孩子对新奇、变化、充满想象力的事情很感兴趣，喜欢和别人分享他的梦想和灵感，说话时，喜欢用比喻、抽象的表达方式。他们不喜欢被太多规则限制，对细节感到不耐烦。

实感型孩子的性格优势是非常务实，他们很清楚地知道现实的处境是什么，特别关心的是"现在可以怎么做"。所以实感型孩子与人沟通的目的在于取得有用的计划、获得可供参考的范例。他们会探问每件事的细节和做事的步骤，希望能规划出具体的蓝图，然后按计划表完成任务。

直觉型孩子的性格优势是具有很强的创造力，他们很会抓重点和概念，重视的是"可以怎样改变，才能更新奇有趣"。所以直觉型的孩子喜欢讨论一些抽象的意义，特别会用隐喻或象征的语言来表达内心的想法。

老师和家长在和实感型孩子沟通时，可以把事件的来龙去脉、细节计划娓娓道来，与他们讨论过去的经验，这会使他们获益良多。需要注意的是，千万别对直觉型的孩子讲大道理，他们会感到不耐烦。和直觉型的孩子沟通时，可以讲一些专业的理论，别担心孩子太小听不懂，他们天生有吸收抽象概念的能力，与他们讨论事情发展的多种可能性，能够激发他们自行探索的欲望。最后，还是要提醒他们不可忽视细节，指导他们按照科学的步骤去落实自己的想法，避免孩子永远在搭建"空中楼阁"。

实感型（S）的父母
直觉型（N）的孩子

实感型（S）的父母非常重视现实生活，而直觉型（N）的孩子则会花费很多时间在内心做规划及思考，很少会考虑自己想的事是否有现实意义，假如没有察觉彼此的差异，就很容易引发亲子冲突。

实感型的父母常会觉得直觉型的孩子过于异想天开，不切实际，所以会担心孩子以后成为"空想家"，没办法依靠自己生活。但直觉型的孩子却会误以为父母是在对自己的想法"泼冷水"，而不是提供一张"现实"药方。例如，针对考试填志愿这件事，直觉型的孩子会认为读书是为了发展自己的兴趣，而实感型的父母十有八九会说："如果你不读一个有用的专业，我一毛钱都不帮你付。"父母所谓有用的东西，就是读了之后能找到一份稳定工作的专业，这个想法会让孩子觉得爸妈非常刻板。

假如实感型的父母能够自我觉察，感受到自己和孩子之间的差异，进而欣赏孩子的观点和梦想，并和孩子讨论他们的想法，会让孩子感受到父母了解他、尊重他，支持他的想法，而不会压抑他的创意，这样孩子也会越来越愿意与父母分享自己的喜怒哀乐。

另一方面，实感型的父母常叮嘱直觉型的孩子不要粗心大意，还会要求孩子做详细的时间表，然后按照时间表过完一天。而直觉型的孩子会认为那些细节都不重要，总是只提出自己的想法。这些想法有时很有创意，但常常脱离现实，无法完成。假如能帮助孩子检视他的想法在现实中是否可行，帮助他制订切实可行的计划，他就会获得更多的生活经验，未来在学习上也会更有信心。例如，孩子想在校庆园游会办"鬼屋"，父母可以陪他一起做计划、购买材料，在这个过程中孩子能学会如何将想法变成现实，以后也更愿意接受父母的指导。

此外，实感型的父母对孩子的身体健康、日常生活的细节照顾得比较用心，这是他们爱孩子的重要方式。但是直觉型的孩子会觉得父母太过啰唆，没有耐心聆听。孩子毕竟缺乏生活经验，因此他们不能理解父母的许多行为，这时父母不用太过伤心、懊恼，孩子只是没有意识到这些而已。

直觉型的孩子喜欢新奇好玩的东西及热情、有想象力的对话，当他们不理睬父母的问话时，父母可以改变说话的方式："来，我们开战车去兜风！"这样的话语就能吸引孩子的注意力。

直觉型（N）的父母
实感型（S）的孩子

直觉型(N)的父母较少把注意力放在日常生活的现实层面上，这导致实感型（S）的孩子总是感到心里不太踏实。他们有时会搞不清楚自己可以依靠谁或相信谁。例如孩子问妈妈："晚上吃什么？"父母回答："我们随兴到街上走走，看到什么就吃什么。"有些孩子会觉得很开心，但实感型的孩子会开始担心食物合不合胃口、餐点干不干净等，往往让直觉型的父母觉得扫兴。

直觉型的父母不会交代细节，也不会询问太琐碎的事情，经常话说得不够完整，常让实感型的孩子一头雾水。小至早餐的准备，大至毕业旅行的行程安排，直觉型的父母可能都不会帮助孩子做准备，他们认为只要帮孩子缴费，给他足够的钱，一切问题就可以解决了，因此实感型的孩子从小就要学习管理自己的零用钱，自己整理物品、打包行李。但是，直觉型的父母很喜欢指导孩子做那些需要创意的学校作业，因为家长会觉得这样的作业能够启发孩子的想象力，但实感型的孩子有时会认为，做那些天马行空的东西，不如把数学或语文作业写好。

教导孩子要"先讲重点"还是"解释细节"？

有些父母会发现，孩子们对于事件的反应速度有快慢的差异。一般来说，直觉型（N）的孩子只要 1 秒钟就能回答的问题，实感型（S）的孩子就算知道答案，也要花上 3 秒钟或更长的时间。那是因为实感型的孩子喜欢询问细节，并且需要非常明确的指示，叙述一件事情的时候也会把细节交代清楚。许多爸妈没耐心或没有听到事情的重点，就将实感型的孩子贴上"迟缓"的标签，觉得直觉型的孩子比较聪明。可是直觉型的孩子想法天马行空，讲话常是"跳跃式"的，这又让父母觉得有点无厘头。如果爸妈没有理解他们各自的优势，就可能错怪了孩子。

★实感型孩子（S）

当实感型孩子希望从父母那里得到详细的信息时，如果父母仅是大体上交代一下，他们会觉得爸妈在敷衍自己，日后也就不太愿意聆听父母的指导。所以当实感型的孩子问问题时，家长要用明确的语言、缓慢的语速来进行回答。假如觉察到孩子还是无法理解，可以重述一次。例如，可以问问孩子："这样说能解答你的疑问吗？"然后一步步地解释细节，并提供参考范例。最好用具体的、与实际生活有关的词语，不要用抽象或隐喻的表达方式，并且要教导他们在脑中整合获得的信息，并自己进行分析。

★直觉型孩子（N）

教导直觉型的孩子时，要先讲重点再讲细节，否则他们会不耐烦。例如，讲完一件事之后，可以说"请你把我刚才说的内容重复一遍"，以此来考察他到底有没有真正注意到所有的细节，此外也要帮助孩子有效率地做事，告诉孩子不要一直停留在想法层面，同时，要检视孩子的构想是否合理可行。

3

思考型（T）及情感型（F）
——理性与感性的光谱

看到这个标题，也许大家会觉得思考型（T）和情感型（F）是对立的两面，事实上，这两者间的关系就好像光谱的两端，人的性格在中间段游移，有些人比较偏向思考型这一端，有些人则比较偏向情感型那一端，并不是截然不同，非黑即白的状况。

亲子沟通重点

思考型（T）倾向的孩子具有冷静、理性、客观、公正的性格优势，就如同律师一样，他们沟通的目的是了解事情的真相，希望讨论客观的事件、制订公平的标准，也很重视逻辑分析和推理。而情感型（F）倾向的孩子则具有感性、关怀、助人的特质，他们沟通的目的是与人和谐相处，所以很重视别人的感觉、需求，愿意分享自己的经验、给予反馈。

因此，思考型倾向的孩子讲话常带有挑战"权威"的语气，但事实上，他们只是在陈述事情的利弊得失，并非有意攻击对方。所以在与他们沟通时，要注意保持理性冷静，避免情绪激动，讲话内容要简单诚实、坦率精确，公正、客观地分析他们提出的问题，否则家长的话很难让孩子信服。

与情感型的孩子讲话时，首先态度要温和友善，先同理他的情绪和感受，可以给他一个温暖的拥抱，不需要跟他讲道理，只要积极地倾听，让他说出事情的来龙去脉，再给予支持和鼓励即可。

思考型（T）的父母
情感型（F）的孩子

有时我们会听见有些父母说："我比较喜欢严格的老师，各方面都会对孩子提出较高的要求，这对学生是有好处的，严格的老师才能教出守规矩、学习认真、有责任心的孩子，孩子长大后，才会有足够的能力在社会上立足。"思考型（T）的父母比较重视对孩子能力的培养，会对孩子的作业与成绩提出较高要求，担心孩子以后是否有足够的能力在社会上与他人竞争。这种教养观念会让情感型（F）的孩子倍感压力，他们可能会认为读书是为了完成父母给的任务，无法感受到这是父母爱他们的表现。

思考型的父母经常会要求孩子说话讲重点，但由于孩子还小，或是情感型的孩子逻辑思维能力比较弱，因此很难抓到重点。当父母催促或要求他们说重点时，他们可能会因为紧张而说不出话来，日积月累，亲子关系就逐渐疏远，孩子有事情只找朋友说或干脆什么都不说！因此，思考型的父母要先接纳孩子的情绪，同理孩子的感受，要有耐心听孩子说话，学习倾听的技巧，这样情感型的孩子才能感受到爸妈对他的爱、关心与支持，遇到困难时才会向父母求助。

思考型的父母常会觉得情感型的孩子太过情绪化，当孩子莫名其妙地哭起来时，会不知道孩子在哭什么，自己该如何不让这种情况发生。也许他会严厉地指责孩子："不要哭了，有什么好哭的！"试图控制孩子的情绪，好让孩子坚强起来。因此情感型的孩子，有时候会觉得父母爱他们爱得不够多，因而更加渴望赞美和赏识。

思考型父母喜欢就事论事，例如他们会对孩子说："你穿的那是什么衣服？"这句话是针对衣服而言，并不是在指责个人，但是情感型的孩子往往会很受伤，觉得爸妈在骂他。

另外，当孩子遇到问题时，思考型的父母能客观地讨论这件事，并提供解决问题的方法。但假如在处理过程中，父母采取冷静理性的态度，又会让情感型的孩子觉得自己做错了事，所以父母跟他保持距离，不再爱他了。

思考型的父母有时会强迫孩子做他们认为正确的事，例如明明自己的孩子对美术、音乐有敏锐的感受，但在竞技型的运动方面不太在行，可是爸爸却逼他到足球场上试一试身手。情感型的孩子在小时候也许还会隐忍，但长大之后便会拒绝、反抗。假如思考型的父母又没给孩子好脸色看，孩子在心灵上会受到严重的创伤，觉得自己不好，失去信心，甚至丧失自我价值感。

情感型（F）的父母
思考型（T）的孩子

　　情感型（F）的父母很会用鼓励的方式来教导孩子，先赞美一番，再激励孩子进步。他们会希望孩子能在愉快、温暖的环境中学习，期望孩子的老师是位和蔼可亲，而不是太过严格的老师。

　　情感型的父母经常把孩子的生活照顾得无微不至，担心孩子没吃饱、衣服穿太少会着凉，有时候过于关心孩子的一些生活细节，让孩子觉得父母管得太多。以思考型（T）孩子的角度来看，父母可能太过侵犯隐私或过度保护他们，没有给他们足够的空间来面对挑战、练习独立。思考型的孩子非常有主见，对于父母过多的管教会产生抗拒心理，因此很容易引发亲子冲突。所以，情感型的父母要懂得尊重孩子的想法，适时放手，相信孩子有能力照顾好自己，让孩子做他自己。情感型的父母往往会觉得思考型的孩子不够贴心，好像很难跟他建立亲密关系。有的家长这样说："我走向他，想给他一个温暖的拥抱，他却跑开了。"这种状况常让情感型的父母很伤心，以为孩子有意和自己保持距离，不愿与自己亲近。而思考型的孩子可能是这么想的："我想开个玩笑，逗逗爸爸，跟他辩论某个话题，但是爸爸觉得我在攻击他，我无意伤害他，是他对人和事都太敏感了。"以上状况都是因为不了解性格差异，所造成的冲突与误解。

沟通时，要问他"看法"还是要问他"感觉"？

和思考型（T）的孩子沟通时，要问他对事情有什么"看法"；但和情感型（F）的孩子讲话时，要问他"感觉"如何。

★思考型孩子（T）

当思考型的孩子伤心、难过或生气时，可以让他讲出事情的全过程，并让他谈谈自己的想法，问他打算如何处理，有什么办法可以解决问题，然后和孩子一起分析事情的来龙去脉，以及各种做法的利弊得失。当然，父母也可以分享自己的经验，但最终还是要让孩子自己做决定。

★情感型孩子（F）

面对情感型的孩子，父母必须先接纳他们的情绪与感受，给予拥抱、安慰，给他们温暖，让他们自己从情绪风暴中走出来。父母可以告诉孩子处理情绪的方法，让孩子在未来能够做自己情绪的掌舵者。最后，可以告诉他们："你需要爸妈帮你想办法的时候，跟我们说一声，我们可以做你最坚强的后盾。"让孩子感受到父母满满的爱意。

4

果断型（J）及随性型（P）
——刀与水的竞逐

在日常生活的习惯与态度方面，果断型（J）和随性型（P）的人之间最容易发生冲突。但是父母要了解的是，亲子之间所有的差异与对立都不是灾难，正相反，这些都是我们生活中需要的。例如，果断型的人，需要随性型的人带他们放松一些，不要凡事都看得过于认真；而随性型的人，需要果断型的人帮助他们遵守纪律，让他们能够做事贯彻始终。

每一种性格类型都各有其优势和盲点，没有哪种倾向比较好或比较差，更没有所谓的谁对谁错。父母在教养孩子时，如果能掌握这个原则，就能平心静气，理性沟通。

亲子沟通重点

果断型（J）和随性型（P）的孩子，其差异主要体现在生活模式上。例如，做作业的方式、对环境整洁度的要求、对规则的看法及对时间的掌控等，这些差异在小孩子的行为表现上是非常显著的。

父母最好的教养方式就是根据孩子性格倾向的差异来与他们交谈，根据孩子的性格特点来调整沟通的语气、语速及态度，就能够减少彼此的冲突，提升亲子关系。

一般来说，果断型的孩子喜欢立即做出决定，而随性型的孩子喜欢事先搜集更多资料，到最后一刻才会做决定。果断型的孩子似乎对时间有较高的敏感度，知道做每件事大概要花多长时间；而随性型的孩子很难按时完成任务，尤其是年龄较小的孩子，他们还没有足够的生活经验，所以经常误判，导致延误。

果断型孩子的性格优势是组织能力强、效率高、专注力强，他们和人沟通的目的，是要确立清楚的目标，能有计划地生活，不想有计划外的事发生。

随性型孩子的性格优势是能随机应变、无入而不自得，他们能够根据事态的发展随时调整计划，不惧怕未知与临时变化。

在跟果断型孩子沟通时，要想清楚再讲，不要犹豫不决，冷静果断地提出清楚的目标和明确的执行方法。需要变更行程时，要提前告知孩子，或和孩子讨论出可行的应对方法，千万不要责骂孩子不知变通。相反的，和随性型的孩子沟通时就可以天马行空地提出各种问题，孩子也会提出许多不同的意见和想法，有没有结论并不重要，这种不受拘束的讨论氛围才是孩子需要的，而针对孩子经常会延迟完成任务的问题，则可以与孩子一起想办法解决。

果断型（J）的父母
随性型（P）的孩子

　　果断型 (J) 的父母常会对随性型 (P) 的孩子有诸多抱怨："我要他做件事情，他的注意力总是放在他更感兴趣的东西上。""他的房间看起来像是被风暴袭击过一样！""他一直等到最后一刻才写作业。"果断型的父母非常担心随性型的孩子养成懒散的习惯，认为这不是生存之道。事实上，随性型的孩子是乐天派，是"打不死的蟑螂"。

　　在果断型父母的眼里，随性型的孩子总是那么逍遥自在、懒散贪玩。果断型的父母常看到随性型的孩子下课回家后，边写作业边玩，拖拖拉拉，不是看他喜欢的课外书，就是玩玩具、看卡通，要爸爸妈妈一再地催促才去写作业。每天几乎都要到十一二点才上床睡觉，父母常是既心疼又懊恼。

　　最好的方法是让他尝到先把该做的作业或事情做完的甜头。孩子放学回家后，先让他放松，做自己想做的事，然后约定洗澡、吃饭的时间，吃完饭后开始写作业，规定几点到几点必须完成作业，时间一到就把他的作业收起来不让他做，并且说到做到。假如第二天交不出作业，他自己必须去承担老师的处罚。刚开始，他一定会吵闹，养成习惯之后就没事了。在孩子按时完成作业后，父母就要让他做他喜欢的事，而不是再加其他作业给他做。几天下来，他会发现，原来无法看的电视节目现在有时间看了。用这种方法，可以培养随性型孩子的自律能力，让他们能够分辨事情的轻重缓急。

有时候，不论果断型的父母如何严格要求随性型的孩子，他们还是经常赖床、迟到，要不就是丢三落四。例如孩子会在睡觉前跟你说："妈，我忘了告诉你，明天上午美术课要带胡萝卜，老师要教我们雕刻胡萝卜。"但晚上都 10 点多了，去哪里买啊？

如果是内向情感果断型（IFJ）的父母，碰上了随心所欲、自由率性的孩子，常会觉得十分无奈，也会在内心自我谴责，认为自己是不称职的父母，没有能力把孩子教好。这样的态度，不论父母嘴上说不说，还是会伤害到孩子的自尊心。

就这一问题而言，父母要看清事情的责任归属，如果责任是属于孩子该承担的部分，就放手让孩子自己去承担，如此他才能学会管好自己的事情，负起该负的责任，即使被老师处罚，这也是负责的表现。不过说真的，其实孩子们都非常聪明，如果爸妈不帮他的忙，他就会自己想办法"变"出一根胡萝卜来。

另外，果断型的父母喜欢所有的事情都井然有序，把家整理得干干净净、明亮舒适，偏偏随性型孩子的房间永远乱七八糟，而且不让父母帮他打扫。这种情况常造成亲子之间的冲突，该如何是好？

首先父母要跟孩子约法三章，孩子的房间属于他的私人空间，绝不帮他整理，他可以随心所欲，但是如果有蟑螂、蚂蚁或一些不堪的味道从他房间出来，他就要把他房间里的东西全都清理出来（要说到做到）。而在供全家人使用的公共空间里，他就不能为所欲为，必须遵守家里的规矩，保持家里干净整洁。

为什么要这么做呢？因为随性型孩子的房间虽然很乱，但却是"乱中有序"。他们总是可以在果断型父母眼中的"垃圾堆"里马上拿出他们需要的东西，如果别人帮他整理，房间虽然变得井然有序、清洁明亮，但是他却不知道要找的东西放在哪里了。父母理解性格倾向的差异后，就一定要放手，这对孩子也是一种尊重。

以随性型孩子的观点来看，果断型的父母强调结构、秩序和计划，根本是多此一举。因为他们不需要靠那些计划来获得安全感，而且还觉得受到限制、不被接纳。例如，妈妈和孩子约定时间碰面，当妈妈到达时，到处都找不到孩子，又着急又担心，心想，难道孩子忘了时间？还是在附近闲逛？最后看到他在书店的角落里看书。问他为何不在约定的地点等，随性型孩子说道："我以为约定 7 点只是个大概时间，而你到了就会来找我。"

以上述例子来说，孩子以为妈妈应该跟他一样，看不到人就会到处找找、随机应变，却没想到妈妈是个遵守详细规划行程的人，她一定会在约好的时间、地点来接人，假如看不到孩子就会十分着急。因此，许多果断型的父母会认为孩子行事散漫，没有责任感，以后就听大人的安排好了，孩子不需要有自己的意见。而孩子也会觉得委屈，认为父母都在限制他。在了解性格类型的差异之后，应该可以知道，生活习惯的不同是天生的差异，并不是孩子故意要跟父母唱反调。

果断型的父母要试着把自己对孩子的期望说得更明白一些，和孩子一起找出两人都同意且行得通的方法。在生活中，像上述小事情，往往都是因父母与孩子的期望不同而发生的摩擦，在面对重大问题，例如人生目标的确立或亲密关系问题时，彼此也会有不同的想法。所以要养育一个性格类型与自己不同的孩子，就需要花更多的心力。

随性型（P）的父母
果断型（J）的孩子

果断型（J）的孩子常会问随性型（P）的父母："今天有什么计划？"随性型的父母本身不会对日常生活做太多规划，看到果断型的孩子似乎都是那么循规蹈矩、自觉自发、头脑清楚，会觉得孩子稳当可靠，不用父母操心，觉得孩子将来一定大有出息，能成为一名成功人士。因为，这一切都是父母希望自己能够做到，而永远做不到的。如果事情仅止于此，该算是好事了。但遗憾的是，果断型与随性型的人常因性格差异而产生矛盾。

在随性型的父母看来，果断型的孩子顽固倔强，甚至有些以自我为中心。其实果断型孩子大多数时候，希望家中每个人都按规矩来做事。他不喜欢别人动自己的东西，或没有经他同意就拿去用。父母能理解并尊重他需要维护自己的拥有权，那就没事了。

随性型父母不操心的态度，可能会让果断型的孩子没有安全感。他们常会觉得："家里到底有没有人在管事情啊？还是我得订出规则和计划来？"这类孩子常会设法让随性型的父母更有效能一点。例如，把学校代办事项的清单列好、活动开始前提早15分钟提醒父母，以求做好万全准备。

随性型的父母不会规定孩子几点上床睡觉，果断型的孩子会觉得："父母没有规定我什么时候就寝或熄灯，我想怎么做就怎么做，真怀疑他们是不是真的关心我。如果有朋友打电话来约我，我就假装问问父母，准不准？"不过，果断型的孩子成年后，也许会感谢随性型父母给他们足够的自由发展空间，知道这个世界永远有快乐的事情可以期待，有时候不必把工作放在第一位。只是在孩提时代，他们难免会感到孤立无援。

另外，随性型的父母重视体验的过程，对目标的达成没有那么执着；但果断型的孩子很有主见，做事积极、讲求效率，并且要依照自己的标准来做。有时候他们会觉得自己的父母生活太过松散，不管家里的事情，许多事情反而要他们来做主，这时随性型的父母可能会觉得孩子在为所欲为。

有时候我们会听到孩子这么说："不是那样的，看见了吗？像我这么做。""快说，我等你马上回答！""谁收拾屋子啦？东西就该这么放嘛！""你说今天晚饭我们吃麦当劳的，为什么改吃比萨了？"虽然随性型的父母对孩子有很大的包容性，但在这种情况之下，还是要教孩子对父母应有的态度、礼貌、规矩、说话语气等，以免养成坏习惯，在外或将来在职场上对他的人际关系造成不良影响。

"养育"是长期而有目标的事还是"随遇而安"？

果断型（J）与随性型（P）这两种性格类型关乎生活形态与学习态度，因此这方面的性格会对教养子女产生很大影响。假如父母和孩子恰好是站在对立的两极，就会在日常生活中呈现出不同的习惯，这也是亲子冲突的主要来源。所以，接下来将从父母的角度提出面对两个类型的孩子时，对应的教养与沟通策略。

★果断型的父母（J）

对果断型（J）父母来说，养育这件事是长期而有目标的，他们的教养理念是防患于未然，要保护孩子避免遭遇意外事件。尤其是思考果断型（TJ）的父母更希望能够掌控孩子的一切，总想在各方面都帮孩子设想周到、规划完整，因此常会认为随性型（P）的孩子过分散漫，做事不够积极。然而对随性型的孩子严厉管教，只能取得短期效果，过不了多久，孩子又恢复原态。父母不得不故技重施，强迫孩子按照自己的要求做事，如此循环不已，冲突也就常常发生。平心而论，随性型的孩子是带给父母欢乐的开心果，如果明白性格类型的差异并适性教养，就能欣赏孩子那种自由自在、无忧无虑的生活态度，以后进入竞争压力极大的社会中，也不用担心他会被压力击垮。果断型的父母在了解孩子与自己性格倾向的差异后，就可以安心放手，欣赏孩子与自己性格上的不同，看随性型的孩子如何优游自在，和孩子一起享受亲子之乐。

★随性型（P）的父母

随性型(P)的父母对"养育"这件事的想法，就是随遇而安吧。他们假如遇上了果断型（J）的孩子，会觉得很幸运，孩子真的表现太好了，不用再管了。有些果断型的孩子甚至会帮助随性型的父母规划家庭事务呢！随性型的父母会陪伴孩子玩耍，支持孩子的决定，相较之下，家庭气氛会更加和谐，冲突也很少发生。他们善于以柔克刚，就像拳击时，顺着拳头打来的方向转。为了缓和紧张关系，这类父母也会和孩子斗法，今天为了解决眼前的问题，采取一种战术，明天碰到另一种情况，又想到别的方法。随性型的父母会和孩子玩得很开心，但是果断型的孩子有时可能会觉得父母过分随意，为此感到相当无奈呢。

Part 4-2

·····················

教养不同调，沟通有诀窍

教养孩子时，因长辈或伴侣与自己意见不同而引发家庭成员之间的冲突的情况屡见不鲜。仔细观察，造成沟通障碍的主要原因就是性格倾向（偏好）的差异。假如能了解彼此不同的行事风格、说话模式及生活习惯，找到对方能接受的互动及沟通方法，不但家庭气氛会安宁和谐，在教养孩子的问题上也会收到事半功倍之效。接下来，我们就以下列几种典型来探讨家庭成员之间的性格类型问题。

不要挑战思考果断型（TJ）家庭成员的权威

思考型（T）（做决定的方式）的人最擅长的就是理性思考、就事论事、分析前因后果、评论，而果断型（J）（生活做事的态度）的人的行事风格则是果断精练、讲求效率、个性较急、喜欢依照规划做事，所以思考果断型性格的人很容易成为严肃、冷漠、强势、权威的指挥者。

生活上的冲突往往起源于一些琐事，由于当时没有好好处理，最后呈星火燎原之势。这类型的人认为长幼有序，因此在和这类人相处时，不要去挑战他的权威，不要立刻反驳他或做解释，否则他会认为是在顶撞他。他们不是无法沟通，只在家人面前或是在大庭广众之下，要以和为贵，顾及他的面子。

因为倾向思考型的人善于分析事情的前因后果，重视事情的是非对错，并且能够讲道理，即使当下他表现得很强硬，但是事后也会进行反思。大多数领导型的人物都有这样的性格倾向。果断型倾向的人个性会比较急，遇到事情时，渴望事情能马上得到解决。而思考果断型的人，表现得比较固执己见，有时会让人产生敌对感。他们希望所有事都能按照自己的计划进行，当他们对事情有较好的控制感时，才会感到安心，因此，在日常生活中总会希望成为主导者。

他们说话直接，常带有批判性，但这并不是批评或责难，更不是攻击，他们只是就事论事，指出事情错误的地方，并希望立即更正。这与情感型（F）的人完全不同，情感型倾向的人，经常会把思考型的人所说的话，当成是对他个人的批判、责备或贬损，于是会感到内心受伤，甚至引发冲突。

情感型性格的人，假如能理解其他家人是思考果断型的人，就不要太在意家人说的话。对思考果断型的人来说，他们更希望在沟通中快速弄清楚事情的来龙去脉。所以，在和他们沟通时，一定不要拖泥带水，最好先整理好自己的情绪，把事情先条理化，最后再让对方知道你的感受，以及希望对方以后可以怎么做。

给予思考随性型（TP）家庭成员信任与包容

思考随性型（TP）的人有着思考型（T）倾向，有理性、客观、善于解决问题、能就事论事的优点，也有随性型（P）的自在、有弹性、能随机应变的特质。

就像家里的地板已经 1 个月没打扫，假日应该要打扫了，但是孩子吵着要去动物园玩，如果是思考果断型（TJ）的妈妈，一定会先把地拖完，把家里整理干净后才能放心出门，而思考随性型的妈妈被孩子一吵，她就会想，孩子的成长只有一次，最好让他们自由自在地玩耍，动物园白天才会开放，拖地可以晚上再做啊。想好之后就会带孩子开心地出门，拖地的事之后再说吧。在她的想法里，规则虽然很重要，但她不会太严格地去遵守，甚至自己就是破坏规则的人。

思考随性型的伴侣或家中长辈，常会被认为过度宠溺孩子，其实并非如此，只是因为个性使然。简单来说，随性型的家长会认为孩子需要教导，也需要学习，但是不会去约束孩子的行为，不会认为孩子一定要怎样才是守规矩的，或是不会要求孩子什么时候必须完成作业，几点一定要上床睡觉，甚至是玩具该放在哪里。因为他们本身就不会把东西整理得井然有序，他们觉得生活就是乱中有序，当你跟他们要东西时，他一定可以从杂物堆中马上找出来给你。做同样的一件事情，果断型的人早就按照计划完成了，随性型的人，可能尚未动手开始做，即便时间很紧迫，他们仍不紧不慢，抱着能做多少算多少的信念，还会反问，为什么一定要达成那么高的目标才行呢？做事的过程也应该是享受的过程啊！他们很少会按照规划的时间做完事情，规定期限让他们感到被束缚。他们渴望别人能信任他们解决问题的能力，给他们更多的自由会让他感到更舒适。

在隔代教养中，常会遇到长辈的教养方针与自己不同的时候，如果长辈是思考随性型的人，我们就要了解这类型的人有思考型的优点，他们能明辨是非、讲道理、做事有原则。他们对日常生活不会有太多要求，因此你必须放手，接纳他们教养孩子的方式，相信他会把孩子照顾得很好，感谢他能给孩子一个快乐的童年。

与情感果断型（FJ）的家人，建立亲密关系，感谢他们的付出

情感型（F）（做决策的依据）的人是温和、善解人意、充满爱心、重视和谐、害怕冲突的，而果断型（J）（生活做事的态度）的人讲求效率、个性较急、喜欢依照规划做事。当我们要跟情感果断（FJ）型的人相处时，需要掌握什么方法呢？

情感型的人通常给人温暖亲切、具有同理心的感觉，他们能够觉察别人的需求并主动给予帮助。他们很重视人际关系的和谐，很少和别人发生冲突，并且渴望家庭和睦。基本上，他们是仰赖"感受"在过日子，周遭的人、事、物很容易触动他们的敏感神经，

非常在意别人对自己的评价。有时，别人无心的一句话，尤其是家人讲的话，会让他们感到受伤。他们特别需要家人的肯定与赞赏，以此来帮助自己建立自信。

简单来说，情感型的人具有传统的家庭观念，他们宁愿牺牲自己，也要满足家中每一个人的需求。假如又有果断型的处事态度，就会坚持做符合社会价值的事情，固执地要求家人都能配合做到。

情感果断型的人会认为"家"的基本要素是和谐与亲密，他会打理家中的所有的事务，对家人的生活起居照顾得无微不至，也能觉察家人的需求，给予鼓励和赞赏。他们迫切希望伴侣和孩子能看见他的辛苦与付出，同样地以温暖回报他，让他感到被家人需要与被爱。"爱"对他来说是很重要的一件事情，家庭要有爱才是一个家。所以当这样的长辈在照顾孙子时，你可能会听见她在问孩子："你爱不爱奶奶啊？"假如孩子回答"爱"，她就非常开心，对孩子又抱又亲。她宠爱孩子，但也会要求规范孩子的行为，重视孩子的规矩、礼貌与态度，教导孩子如何体谅、帮助别人，因此可以很放心地把孩子交给她。有事情要跟情感果断型的长辈沟通时，最好是选择私下交流。首先要注意和长辈说话的态度、语气，因为他们很敏感、容易受伤；其次，要接纳他们的情绪与感受，有冲突时不用多说什么，道歉后拥抱他一下就好。平常要跟他们维持良好的关系，经常打电话问候，回家时买个小礼物。最重要的是要感谢他们为家人所做的事情，例如对长辈说：

"妈妈，孩子这么调皮，辛苦你了！""妈妈，你的手艺真好，我和孩子最喜欢吃你煮的菜了！"他们对事情有自己的看法与价值观，有时候不太容易说服。比如说，他们觉得维持身体健康一定要吃些营养品，所以买了一大堆营养品，不但自己要吃，也会要求其他家人吃；又或者坚持每天要家人在家吃早餐，而耽误大家赶公交车的时间；又或是要求你该怎么教养孩子……当家人说不动他们时，最好寻求第三者的帮助，例如亲戚、朋友、专业人员。当然，也可以在气氛好的时候提起："妈，我今天刚好看到杂志上有一篇文章，觉得不错，也给你看看！"

同样的，对情感果断型的伴侣也是如此。他们疼爱孩子，经常会夸奖孩子，帮孩子打理大小事情，有时会让人担心孩子会不会变成"妈宝"。然而，只要引导孩子学会感恩，回报父母满心的爱，孩子不但不会变坏，还会更有自信。

包容和感谢情感随性型（FP）的家庭成员

从性格类型的观点来看，倾向情感随性型（FP）的人，率性而为、随心所欲，有时候会无视规则或规范，因此他们也不会约束或限制孩子的行为，会让孩子自由发展。他们有自己的价值观，不会遵循社会主流约定俗成的方法做事。

情感随性型性格倾向的人，个性灵活随性，但却十分担心冲突，别人不经意说出的话，或许没有批评指责的意思，也会让他们感到受伤。当他们与他人意见不合时，会找到自我调适的方法，例如独自旅游，和朋友一同玩乐、消遣。和他们沟通的时候，最重要的还是要表达对他们的感谢，最好能以幽默的方式和他们沟通。通过第三者和他们沟通也是一个很好的方法，因为他们很重视别人的意见，也很容易受到他人的影响，从而改变自己本来坚持的事。然而说真的，江山易改本性难移，所以我们不妨换个心情、换个角度，欣赏情感随性型的乐天派性格，放宽心吧！就跟随他们的步伐，一起玩乐，轻松开心地生活。

Part 4-3

....

面对彼此的个性差异

同样性格类型的人，对事情的看法、态度及做事风格会较为相似，因而在沟通上少有冲突。我曾遇到过一对婆媳，她们俩都是思考随性型（TP）的人，两人说话都是张口就来，婆婆对媳妇说："你煮的这是什么菜，无滋无味，怎么吃？"媳妇直接回答："嫌我煮得不好吃，那你来煮啊！"像这样非常直接、毫不顾及对方情绪的话语难道不会造成婆媳冲突吗？我问这位婆婆："你不会生气吗？"她回答我："有什么好气的，我们都是这样，人家都说我们比母女还好呢！"

如果彼此的性格类型不同，在不了解对方性格特点的情况下，就很容易发生误解或冲突。上述 4 种性格类型，没有谁对或谁错，也没有好坏之分。性格的形成受到原生家庭环境、个性、生活环境、文化环境等多种因素的影响，所以不同的人性格上一定会存在差异，我们不能把性格拿来当标签，贴在别人身上。

当然，沟通时的态度，说话的语调、表情和时机，都是影响沟通效果的重要因素。如果想要家庭和睦，在日常生活中就要有意识地与家人建立良好的关系，不能等到触发矛盾后才想办法补救。无论面对哪位家庭成员时，都要能站在对方的角度看问题，每个人都有自尊心，最好不要在大庭广众之下纠正对方的错误，把自己的心情整理好，再找适当的时间和地点，和他们沟通。

沟通时态度要温和，要怀着一颗感恩与体谅的心，先具体说出感谢对方的话（无论面对谁，都要感谢对方对这个家的付出），谈些轻松的话题，再带入正题。

思考果断型（TJ）和思考随性型（TP）的人，他们更关注事情是否具有合理性，如果想说服他们，可以和他们分享专家的研究报告；面对情感果断型（FJ）或情感随性型（FP）的人，必须先安抚他们的情绪，同理他们的感受，还可以聊聊社会上曾发生的类似事件，或请第三者出面帮忙。

最后，无论是对公婆、伴侣还是孩子，我们都要时刻怀着一颗感恩的心，谢谢他们为这个家的付出！

关于孩子性格特征的 40 个为什么

【内向型（I）｜外向型（E）】

Q1 为什么我的孩子从小很怕生？（I）

答：内向型（I）的人有时会对外在世界的人、事、物产生莫名的畏惧感，所以这类型的孩子看见陌生人或到一个没有去过的地方时，内心会觉得害怕。他们会先观察环境，然后再慢慢地融入。内向型的孩子经常会在上幼儿园的第一天，哭着、黏着妈妈不放手，也不进教室。遇到这样的情况，父母可以在孩子进幼儿园前，先带着他到学校玩，看看其他孩子上课的情形，让孩子熟悉环境，培养他上课的兴趣与信心。

Q2 为什么孩子上课经常讲话，让老师处罚了依旧不改？（E）

答：外向型（E）孩子讲话不分时间、场合，心里想到什么就想说出来，目的是和别人分享自己的想法，即使在课堂上，老师在上面讲课，他也忍不住想马上跟邻座的同学说话，即使因干扰课堂秩序而被老师处罚，他还是会传纸条，老师无可奈何，只好告知家长。有些学生确实会故意和大人做对，但外向型的孩子，在幼儿园、小学阶段，多半只是无法控制自己，有时候早上被老师处罚后，到了下午可能就忘了，然后又故态复萌。他并不是故意跟老师做对，而是天生性格使然，所以父母、老师要了解外向型孩子的特质，大可不必跟孩子生气，而是要提醒他在特定的时间做特定的事，让他谈谈上课的学习心得。

Q3 为什么孩子读书、做事时很容易被周遭的事物吸引而分心？（E）

答：外向型（E）孩子的注意力是向外的，所以周遭环境一出现动静，就会引起他的好奇心。例如，路上发生事故时，那些围观的人很可能都是外向型性格倾向的人。

Q4 为什么孩子经常把家里的大小事情主动告诉别人？（E）

答：外向型（E）孩子说话的目的是分享，通常他们不了解也分不清楚什么事情可以公开，或什么事情需要保密，所以逢人就会主动说个不停。

Q5 为什么孩子总要问一句才答一句，不然就回答："我不知道！"（I）

答：内向型（I）的孩子通常不会马上回话，必须先想一想要怎么回答，之后才会说出来，因此会让人觉得好像反应比较慢。所以，在问他们事情时，不要催促，给他们时间思考，他们一定会回答得非常完整。

Q6 为什么孩子假日总是宅在家，好像没什么朋友？（I）

答： 内向型（I）的孩子需要独处的时间和空间，喜欢宁静的环境，可以让他一个人静静地思考，探索内心世界。虽然他们朋友不多，但都是知心好友。而且，现在的网络发达，待在家里也可以和外界联络，也能和朋友交流，所以爸妈不用担心。

Q7 为什么孩子假日老是想往外跑，不容易静下来待在家里？（E）

答： 外向型（E）孩子的能量是外放的，有用不完的精力，喜欢和别人互动，所以不是跟家人出去玩，就是找同学一起去打球、看电影，释放他的精力。

Q8 为什么孩子在大人说话时喜欢打岔？（E）

答： 外向型（E）孩子喜欢跟人互动、聊天，会迫不及待把想到的事情说出来，他们乐于跟别人分享，但不太会倾听别人的声音，或没有耐心听别人把话说完。这让内向型（I）的父母、长辈和同伴觉得他在打岔。

Q9 为什么孩子长大后，很少跟我们聊天？（I）

答： 内向型（I）的孩子长大后，渐渐地开始希望拥有自己的隐私与独处的空间，不会再像小时候一样跟在爸妈身旁说个不停了，因此会让爸妈感觉孩子似乎和自己的距离越来越远。事实上，他们还是非常爱爸妈的。

Q10 为什么孩子从小就不吵人，独自一人玩他的玩具？ (I)

答：内向型 (I) 的孩子喜欢安静地玩玩具，一个人在头脑里探索他观察到的事物，或演练他所学到的知识。父母看他坐在那儿好像在发呆，其实他的头脑可是忙得一秒也没空闲下来呢！

【直觉型（N）｜实感型（S）】

Q1 为何孩子考试总是粗心大意，考试经常漏掉题目没有作答？（N）

答：直觉型（N）的孩子思维跳跃，不注重细节，他们通常会先做会做的题，在整张考卷做完后，再次检查时，有时还是会漏掉一些。

Q2 为什么孩子小考、月考考得好，但遇到期末考或大考就失常？（S）

答：实感型（S）的孩子谨慎细心，课本的每一行、每一个字都会读得很仔细，甚至背诵下来，平常小考或月考的考试范围比较小，考试内容也比较细，对付这样的考试实感型的孩子是很有优势的，自然会比直觉型的孩子考得好。但到了期末考试或是升学考试，考试范围较广，必须将所有与课本相关的内容进行整合，理出整体概念、融会贯通才行，这时候实感型的孩子就容易失分了。父母平时要注重培养实感型孩子归纳总结的能力，培养他们的全局观。

Q3 为什么我说话时，孩子没耐心听完，就自己动手做？(N)

答：直觉型 (N) 的孩子思想天马行空，喜欢新奇和新鲜的东西，加上思维敏锐，他听了一部分就觉得自己已经完全懂了，所以就迫不及待地动手做。因此在教他的时候，一定要说重点，并提醒孩子要关注细节，最好要求孩子把父母的话重复一遍，这样父母才能了解孩子到底听进去了多少。

Q4 为什么孩子需要父母把每个步骤都说明白，他才会开始动手做？(S)

答：实感型 (S) 的孩子会担心自己在做事时遗漏某个细节或步骤，导致没有把事情做好，因此喜欢按部就班地完成任务，这样才能放心。

Q5 为什么孩子的课本画满各种颜色的重点，几乎全部都是重点？(S)

答：实感型 (S) 的孩子注重细节，他们会一字不漏地读课本中的内容，这样做才会安心。

Q6 为什么孩子东西找不到了或被移动位置，自己却毫无察觉？(N)

答：直觉型 (N) 的孩子看事物是图像化、全面性的，因此他们会忽略细节部分。举例来说，你拿走他的杯子，除非哪天他要用，才会发现找不到了，平常他是视而不见的。

Q7 为什么孩子看到喜欢的东西，即使很贵也要买？(N)

答：直觉型（N）的孩子天生就比较浪漫，喜欢新奇、有创意和梦幻美丽的东西。只要这些东西能带给他们良好的体验，他们就不会考虑价格，也不会考虑东西是否实用。

Q8 为什么孩子宁愿把钱存起来，也舍不得买喜欢的东西？(S)

答：实感型（S）的孩子务实、节俭，重视东西的实用性，一块钱当两块钱用，买东西的时候经常会货比三家，考虑东西是否实用，是否物超所值，值不值得买。

Q9 为什么孩子学习一项才艺，新鲜感过了，就想换别的学？(N)

答：直觉型（N）的孩子喜欢新奇的东西，学东西时，尝试过后新鲜感就没了，然后就想尝试学习新的东西。这类型的大人也有类似情形，比如他们会经常换工作。

Q10 为什么孩子说话很琐碎，似乎无法抓住表达的重点？(S)

答：实感型（S）的孩子让人感觉说话很琐碎，是因为他们不会先把重点说出来。他们说话的方式和学习方式一样，要按照事情经过的顺序一一说明，生怕遗漏任何一个细节。父母可以教导他说话前先在脑中整理思路，说出重点后再叙述经过。

【思考型（T）｜情感型（F）】

Q1 为什么孩子凡事都要追根究底？（T）

答：思考型（T）的孩子遇到事情时，会需要了解事情的前因后果，并会分析合不合理、合不合逻辑，所以他们从小就很喜欢问："为什么？"

Q2 为什么孩子很容易掉眼泪？（F）

答：情感型（F）的孩子比较敏感，感情丰富，具有同情心与同理心，当事情触动他们的情绪与感受时，遇到愉快的事情就会开心地笑，感到难过或受伤的时候就会放声大哭。

Q3 为什么孩子在学校被欺负也不敢反击？（F）

答：情感型（F）的孩子，非常害怕冲突，被欺负的时候，为了保持关系和谐，宁可忍让，甚至压抑情绪，也不会反击。

Q4 为什么孩子在兄弟姐妹之间，什么事情都要区分清楚才行？（T）

答：思考型（T）的孩子非常重视公平、公正，一切按照订好的规则走，所以容易被误以为是斤斤计较，或是自私。其实并不是这样的，他们是抱持着"我不占人便宜，别人也不要来占我便宜"的观念，这是天生的性格使然。

Q5 为什么孩子得理不饶人？（T）

答：思考型（T）的孩子凡事都要讲道理，他觉得不合理的地方就会跟你争辩。但他只是就事论事，他认为合理的就会强硬地坚持，不会想到别人的感受或者会不会破坏关系的和谐，以至于让人感到得理不饶人。

Q6 为什么孩子经常把事情往自己身上揽，而不敢拒绝？（F）

答：情感型（F）的孩子天生就有牺牲奉献的精神，抱持着人生以服务为目的的信念，加上担心同学、老师不喜欢他，甚至为了讨好别人，因而不敢拒绝别人的请求。

Q7 为什么孩子让我感觉不贴心？（T）

答：思考型（T）的孩子面对任何事情，会马上动脑分析判断，不像情感型的孩子，会先去理解别人的感受和需求，因此经常让父母觉得不够贴心，有时候会让父母感到孩子比较冷淡。

Q8 为什么孩子好辩驳，说话太直接，常得罪人？（T）

答：思考型（T）的孩子，凡事都要跟你讲道理，他觉得不

203

合理的地方，就会跟你一辩到底，好像是在批评别人，得罪了别人自己浑然不知。

Q9 为什么孩子那么敏感，太在乎别人的眼光和说的话？ (F)

答： 情感型（F）的孩子，天生就缺乏自信，需要别人，尤其是父母对他称赞及肯定，才能建立自我价值感与信心。别人的一个眼神或一句话，都有可能让他开心半天或觉得受伤。

Q10 为什么孩子表达要拐弯抹角，不敢直接说？ (F)

答： 情感型（F）的孩子担心别人不喜欢他或被拒绝，经常不敢提出要求，只好用迂回的方式来表达，更不敢对别人做出负面的评论，以免破坏人际关系的和谐。

【果断型（J）｜随性型（P）】

Q1 为什么孩子很容易紧张？（J）

答：果断型（J）的孩子大多是急性子，做事情都希望赶快完成，没有完成就放不下心，所以比较容易紧张。

Q2 为什么孩子总是漫不经心，天塌下来也无所谓的样子？（P）

答：随性型（P）的孩子天生就比较随兴、乐观，喜欢按照自己的步调做事。事情没有做完也不在乎，能自我调适。

Q3 为什么孩子写作业总是拖拖拉拉的？（P）

答：随性型（P）的孩子会一边写作业一边玩，对他们来说这充满了乐趣，他们认为事情逼到最后一刻再赶出来就行。

Q4 为什么孩子房间很乱，却不让爸妈帮忙整理？（P）

答：对随性型（P）的孩子来说，整整齐齐的环境会让他感到束缚、不自在，虽然他的房间看起来很乱，但在他看来是"乱中有序"的。虽然是在杂乱的环境中，但他却能够立刻找到自己想要的东西。如果爸妈帮他整理了房间，他反而不容易找到要用的东西。所以父母要划分家里的空间使用权，孩子的房间属于他的私人空间，不要弄乱客厅或其他的房间就好。

Q5 为什么只要动过孩子的东西，他就知道并且很生气？(J)

答：对果断型（J）的孩子而言，所有的东西一定要放在固定的地方，这些都是经过规划的，这样他才能快速地找到他要用的东西，所以他不希望别人动他的东西，以免把秩序弄乱。

Q6 为什么孩子经常得熬夜，才愿意把作业写完？(P)

答：随性型（P）的孩子喜欢边做边玩，因此会浪费一部分时间。此外，他们常常希望更好地完成学校布置的作业，所以会花更多的时间搜集资料、整理思路。由于在做作业的过程中花费了太多时间，所以往往要熬夜才能完成。不过父母不必过于担心，只要孩子不拖得太晚，可以让他们按自己的步调完成作业。

Q7 为什么计划都得提前几天告诉孩子，他才愿意配合？(J)

答：果断型（J）的孩子，凡事都要事先做好规划，也会自己制作日程表。而那些突然出现的事会打乱他的日程，这会使他感到焦虑和紧张。

Q8 为什么孩子做事不够积极，似乎没什么目标？（P）

答：随性型（P）的孩子喜欢冒险、灵活、随机应变能力强，他们能够根据事态的发展随时调整计划，也不会过于在乎结果。这样的孩子总让人觉得好像生活缺少目标，但父母不必太担心，只要是他真正想要做的事，他们一定会坚持到底。

Q9 为什么孩子像家中的管家？（J）

答：果断型（J）的孩子，喜欢所有的事情都能有详细的计划，做事讲求效率，无法忍受杂乱的环境及做事拖延的行为，所以就像家中的管家。

Q10 为什么孩子是急性子，做起事来像拼命三郎？（J）

答：果断型（J）的孩子，在做任何事前都会先确立目标，且对自己有严格的要求，使命必达，必须把任务完成才安心地玩耍，所以他们总是追求提前把事情做完。